続・戦国おもしろばなし百話

新選組記念館青木繁男
調べ・知り・聞いた秘話を語る!

目次

戦国武将

1 謎の男、乱世の風雲児、北条早雲の出身地はどこか

ＪＲ宇治駅から、宇治田原行きのバスに乗る。一説には〝北条早雲《ほうじょうそううん》〟は宇治の山里、宇治田原に生れたのだと言われている。京阪バス「維中前《いちゅうまえ》」で下車し徒歩20分、まず信西入道塚（京都府綴喜郡宇治田原町大字立川小字宮ノ前）を訪れる。平治《へいじ》元年（１１６０）12月9日「平治の乱」の際、いち早く危険を感じた藤原信《しん》西入道《ぜいにゅうどう》（１１０６～１１６０）は、自分の所領であるこの山奥の宇治田原に京より逃れたが、所領の高官である彼の顔を知る村民は皆無で、隠れる家も見付からず山野に穴を掘って隠れたが、宇治木幡《こはた》の里で信西の家来が源義朝《よしとも》の探索隊に捕まり、宇治田原潜伏が判明し、首級《しゅきゅう》を捕られ京の円町の獄門に晒された。

さて、ここから家康伊賀越えの黒豆坂へウォーク、途中に早雲（伊勢新九郎）の生家跡がある。戦国時代と後の世に呼ばれる室町期は、その動乱による混沌の故に、最も人間が生き生きしていた時代でもある。平安朝以来の束縛から解放されて自由にものを見、ものを考え、思う様に生きた時代である。制約が無いということは安穏《あんのん》には生きられない訳であるが、男が最も男らしく生きるにはこれ程いい時代は無い。そこには精一杯生きても頭がつかえる天井も無く、大声を出しても苦情の出る隣家も無い、力の限り荒野を生きる事が出来た。そこから近世が生まれた。工芸の分野でも多くのものが生み出された。理由の一つはその自由な空気が幸いしたのであった。政治では実力時代が来る。氏《うじ》、素性《すじょう》が危うくても支配者階級にのし上がる事ができる様になった。戦国の世に年代的にズレはあるが、この怪しき生れで著名な者が三人いる。

後の方から上げれば松永弾正久秀《だんじょうひさひで》（１５１０？～１５７７）、斉藤道三秀龍《どうさんひでたつ》（１４９４？～１５５６）、

北条早雲

そして北条《ほうじょう》早雲《そううん》長氏《ながうじ》（１４３２？／１４５６？～１５１９）である。何れも下剋上《げこくじょう》によって、のし上がった時代の代表的な人物である。下剋上は、戦国を現出した知らせであり、そこに土から噴き上げた野生の情熱と改革の必然があった。

早雲の正確な生年は不明である。永亨《えいきょう》４年（１４３２）となっているのを一応信じると死んだのは88才。彼の行動が歴史の表面に現れるのは40才を過ぎてからである。従って当時の平均寿命の50才ではとても死に切れない。人間は何か事を為す者はその事が終わるまで死な無い様に出来ているかの様に思われるのである。そこには無論、強烈なバイタリティーが作用しているのは言うまでも無いが、世の中を動かす者にはそれなりに天の助力がある。使命感は気力を増し、死神を追い払う。

早雲の出自については異説が多い。近頃、早雲の研究者が増え、新説が出ている様であるが、大体定説とされている伊勢平氏を追ってみる事にする。定説では、早雲は後に小田原北条氏で付けられた姓名で、実は伊勢新九郎。出家してからも早雲庵宗瑞《そううんあんそうずい》と号し、名乗りも『軍記物語』には、氏茂《うじしげ》、長氏《ながうじ》、盛時《もりとき》と称している。伊勢の古書『勢陽五鈴遺響《せいようごれいいきょう》』や『鈴鹿関町史』は平氏（伊勢平氏）の名流、関一族（亀山城主）の関盛定の子、盛時としている。

「応仁の乱」の少し前、室町幕府八代将軍足利義政の弟、義視《よしみ》（1439～1491）に仕え、義視が伊勢国司北畠家（津市美杉町、多気御所）を頼って伊勢に下向時には付き従う。義視が帰京した後も早雲は残留した。応仁3年（1469）伊勢、伊賀の荒木兵庫、多目権兵衛、山中才四郎（関一族）、荒川又次郎、大道寺太郎、在竹平衛の悪ガキ仲間六人と共に、伊勢神宮に神文《しんもん》を捧げ駿河《するが》に向かった。駿河の国守・今川義忠（1436～1476）に嫁いでいた姉（北川殿）（?～1529）から声を掛けられたらしいが、駿河に入ると義忠が殺されたので、6才の龍王丸《りゅうおうまる》（今川氏親《うじちか》）（1471／1473?～1526）を国守に押し上げ、その功績で駿東《すんとう》郡の興福寺城（静岡県沼津市）の城主になった。明応《めいおう》4年（1493）9月には、策略を用いて大森藤頼《ふじより》の小田原城を攻め取った。時に63才。しかし領民を愛して善政を行い、子孫も甲州武田、駿河今川両家と親交。豊臣に倒されるまで、北条五代は栄えた。

早雲の伊勢浪人説については、歴史家・故田中義成《よしなり》（東京帝国大学）博士は、越前勝山藩主小笠原家の『小笠原文庫』の中に早雲が永正3年（1506）南信濃の豪族関春光を通じ、小笠原に宛てた書状を発見。早雲自身が「伊勢に在国し、関右馬允と我等一身体（同族）」と記し、伊勢平氏と名乗っている事が分かった。これを基に伊勢の史書『勢陽五鈴遺響』『伊勢史略』などは、「安濃郡河内村《あのうぐんこうち》に産す。平氏の北条時政の子孫、伊勢氏」と、記述している。

その出生地河内は、現在の三重県津市芸濃町《げいのうちょう》河内。安濃川源流の鈴鹿山中（落合の里）で平維盛《たいらのこれもり》隠棲地伝説のある成覚寺《じょうかくじ》があり錫杖山《しゃくじょうざん》と言う。山一つ越した亀山市関町は、平資盛《すけもり》の子孫、地頭関盛国の発祥地。平家の血を引く旧家で落合氏も多い。一方、『鈴鹿関町史』も詳細に早雲の出生地を解説している。又、亀山市内には関氏の子孫が多く、早雲の子孫ゆかり称する、老舗「八兵衛うどん」や、関氏の一族、鹿伏兎城《かぶとじょう》（三重県亀山市加太市場）主の子孫・故加太こうじ氏（歴史家）は東京で活躍された。伊勢平氏会、関氏一族の人々は、津市、亀山市内の社寺を中心に〃北条早雲〃とその先祖伊勢平氏の史料探しに尽力されている。

2 越後戦国時代の幕開けの戦い〝武将と神社〟

信濃国高井郡（長野県中野市）の国人領主、高梨摂津守政盛（1456〜1513）は、越後守護代、長尾為景《ためかげ》（上杉謙信の実父）（1489〜1543）の外祖父（為景の母の父）である。この政盛が活躍した「長森ヶ原の戦い」とそれにまつわる〝若宮八幡宮〟と祇園社についての伝承を考える。

永正《えいしょう》4年（1507）8月、為景は政盛の支援を得て上杉定実《さだざね》（1478?〜1550）を擁立し、越後守護上杉房能《ふさよし》（1474〜1507）を〝天水城〟に攻め、房能を自害に追い込んだ。『関東管領記』。これが「越後戦国時代」の幕開けである。しかし房能の実兄の関東菅領、上杉顕定《あきさだ》（1454〜1510）はその無念を晴らさんと、同6年（1509）6月、顕定の養子・上杉憲房《のりふさ》（1467〜1525）を将として為景討伐軍を越後に送ったが、白鳥口から越後に入ってきた政盛・市河甲斐守・小笠原大膳大夫長棟・泉信濃守ら信州軍により越後妻有庄《つまありしょう》（新潟県中魚沼郡津南町）で撃滅されてしまった。怒った顕定は7月27日、自ら関東の大軍、八千余騎を率いて越後に侵入し、各地で長尾軍を撃破した。為景は越中に逃亡、さらに信越国境の高井郡志久見口に、高梨政盛、小笠原氏ら信州軍を撃退した。信州軍は敗れ、居館や山城に立て籠った。翌7年（1510）4月、長尾・高梨軍の反撃が始まる。政盛は出撃にあたり、高梨氏の氏神〝若宮八幡宮〟（長野県中野市大字若宮）に参詣した。高梨政盛が拝殿で拝んでいると「首の無い雀」が上から落ちてきた。これを見た諸士は、色を失い不吉な前触れと動揺する。政盛は「この度の出陣では必ず勝つ。なぜならこの雀は首が沢山取れるとのお告げである。この〝雀〟を肴《さかな》に酒を飲もう」と祝宴を開き、諸士に酒をふるまった。これで諸士の士気が上った。「高梨系図」にある。そして戦闘へ、その後、次第に劣勢となった顕定・憲房父子は関東へ戻ろうとした。長尾・高梨の連合軍は、これを長森原（新潟県南魚沼市六日町）に追撃し、6月19日大宝宮（祇園社、現石勲神社）の社前に布陣した。20日に合戦が行われた。上杉軍は長尾600余騎を追い崩したが、備えを立ち直せない内に横合いから高梨700余騎が打ちかかり、顕定は長刀をとって高梨に向かった。政頼も馬から降りて、組討ちし顕定の首級をあげた。顕定57才の生涯であった。長尾、高梨連合軍は勝利し、憲房は関東へ逃げ帰った。この戦いを「長森原の戦い」と云う。そして政盛は大宝宮の神前で凱旋をあげた。そして社人にこの神は何と云う神かとたずねた。社人は「牛頭天王《ごずてんのう》（祇園社）をお祭りしています」。そして神輿を陣中に入れ祝詞を奏し、陣中に酒を出し、杉原壱岐守が舞を舞ったと云う。そして政盛は帰国すると、京都の祇園社より牛頭天王を勧請し、この戦勝記念日の6月20日に天王祭り（祇園祭）を行う様になったという。この天王祭りも現在も行われていて、平成6年（1994）7月の京都平安建都1200年祭、全国祇園祭に参加した。

3 高知奈半利城主の話・桑名丹後守とその一族

「一将功成りて万骨枯る」という、一家の柱石となって働きながら、報われぬまま埋れていった将士のいかに多いことか。長曽我部氏の家老を勤め奈半利《なはり》城（高知県安芸郡奈半利町乙）主となった桑名丹後守とその一族も、主家のためにすさまじいまでの働きをしながら、次々と戦場の露と消えていった。

永禄《えいろく》12年（1569）8月、長曽我部元親《ちょうそかべもとちか》（1539〜1599）は、土佐東部を支配した安芸国虎《あきくにとら》（1530〜1569）を攻めて安芸城（高知県安芸市土居）を落とすと、今迄安芸氏に臣下の礼をとっていた諸豪たちは、元親に降伏した。この時、元親に降った「奈半利城主・姫倉右衛門尉」を廃し、新たに、久武氏、中内氏と共に三老と称される桑名丹後守（?〜1593）に与え、その子・将監（親勝《ちかかつ》）を、阿波との国境にある甲浦《こうのうら》城（高知県安芸郡東洋町大字甲浦）の城主とした。

桑名父子の預かった奈半利と甲浦の二つの城は、やがて阿波《あわ》へ攻め入るための布石として、長曽我部氏最大の功臣を防衛上の第一線に据えたものと思われる。丹後守の預かった奈半利城は安芸郡奈半利町の小学校校庭だと云われているが、昔を偲ぶものは何一つ残ってはいない。

ところで丹後守の長男太郎左衛門（?〜1586）は、豊臣秀吉の島津攻めに参戦、天正14年2月、「豊後《ぶんごの》国戸次川合戦《くにへつぎがわ》」で戦死、二男の平右衛門はそれより先、元親の〝阿波攻め〟の時、一宮城（徳島市一宮町）攻略戦で戦死している。三男で甲浦城主となった将監は、これまた朝鮮出兵で異国の土となり再び戻っては来なかった。また豊後に散った、太郎左衛門の次男である五百蔵左馬進《いおろいさまのしん》（?〜1615）は「大坂の役」に〝長曽我部盛親《もりちか》〟に従い、5月6日「八尾《やお》の戦い」で盛親の馬前で討死する。

別説では、左馬進は、「関ヶ原の戦い」に参加したが、長宗我部軍が戦わずして撤退したため、盛親が大坂に落ち延びるのに従った。長宗我部家の改易《かいえき》後は、浅野家の家臣・浅野良重《よししげ》を頼って紀伊の田辺に隠棲していたが、大坂の陣が始まると妻子を捨てて大坂に駆けつけるという。

まさに忠臣の最期ほどあわれなものはない。

4 京の文化にのめり込み滅んだ大内義隆

小京都と呼ばれる町は全国各地にあるが、山口市は最も京都らしい一つである。守護大名から戦国大名になった大内氏が、下剋上によって滅亡する迄、何代にもわたって、山口を京都の様な雅の都として経営しようと努力して来たからである。

大内氏は、その後台頭して来た毛利氏に隠れた様な存在となったが、一時期は西国の雄に恥じない活躍振りだった。今も山口市内に八坂神社(山口市上竪小路)がある。これは一族を大いに盛り上げた大内弘世《おおうちひろよ》(1325～1380)が、応安《おうあん》2年(1369)北野天神(古熊《ふるくま》神社として残る)と共に、京都から勧請《かんじょう》したと伝えられている。近年、京の最大のお祭り・祇園祭に、鷺舞《さぎまい》が復活された。京では消えてしまった行事が、山口で

大内義隆

残り伝えられていたのを逆輸入したのであった。

武将としての弘世は、周防《すおう》を平定し、長門《ながと》も攻め落とした上で、貞治《じょうじ》3年（1364）初めて上洛した。『太平記』には「在京の間数万貫の銭貨・新渡の唐物等、美を尽して、奉行・頭人《とうにん》・評定衆・傾城《けいせい》・田楽・猿楽・遁世者まで是を引与へける間、此人に勝る御用人有まじと、未見へたる事もなき先に、誉ぬ人こそ無りけれ。世上の毀誉《きよ》非善悪、人間の用捨は在貧福とは、今の時をや申すべき。」大内氏の財力を都人に見せつけたのであった。その一方で弘世は都のたたずまいと、その文化の素晴らしさに魅せられた。周防に戻って、弘世は京の様な都を作ろうと、本拠を大内村から山口に移した。

『大内史実録』には「始めて吉敷《よしき》郡山口に遷す。此の地の繁華は此の世に起こる。山口に祇園、清水、愛宕寺を建立し、統べて帝都の模様を遷す」と記される。各町ごとに京童6人ずつを招き、地方言葉を正そうとしたとの伝説が残る。

「応仁の乱」に活躍し、西軍の雄と言われた大内政弘（1446～1495）は、この弘世から三代後である。和歌や連歌が好きで、連歌師の宗祇《そうぎ》（1421～1502）を山口に招いている。息子の義興《よしおき》（1477～1529）は、約10年も京都に在京しその武力による治安維持に尽くした。

更に、その息子の三十一代大内義隆《おおうちよしたか》（1507～1551）の代には、「京文化への傾倒」はピークに。その間、義隆は後奈良天皇の即位の費用を全て献上、御所の修理も行った。これより天文17年（1548）、「従二位」「兵部卿」となり、将軍より官職が上の時期もあった。この財力は、貿易の利の賜物であった。

そして京都から公家、歌人、儒者、禅僧らが続々と山口に移って、更に華やいだものとなった。この時代の山口は「西の京」として繁栄の極みを迎えた。そして、大内氏と連歌師の関係も深く、義隆の師は飛鳥井雅俊、三条西実隆《さんじょうにしさねたか》らだった。幸若流の舞なども幸若太夫《こうわかたゆう》を招いて保護を加えているし、注目すべきは、雪舟《せっしゅう》（1420

～1506）が画業の本拠をここにおいて精進したことであろう。大内氏は財政的にも雪舟を支援した。

又、大内氏一族は、京文化の導入で様々な遺産を残した。その一つに「大内版」と呼ばれる、山口で出版された刊本がある。『蔵乗法数《ぞうじょうほっすう》』や『聚分韻略《しゅうぶんいんりゃく》』などである。また、「大内塗り」は京漆器の伝統を踏まえて盛んになり、「大内人形」は、京から人形師を呼び寄せて作らせたという。

絶頂期には西国七ヶ国を領有する最大の戦国大名となる一方、戦国期には珍しく、少ない文化愛好者だった。『大内義隆記』に拠ると「公家の交わりばかりにて、朝夕の遊宴には歌の披講に管弦し」という状態だった。天文12年（1543）出雲《いずも》の尼子《あまご》氏を攻めたが敗北した。これをきっかけに、更に彼は文化芸能に、はまって行った。

『大内義隆記』には「位階高く上がりつつ、冠を着し、装束色々なりし」「弓馬の道にうとくしておろそかに、有事どもを家来の老中若輩に至るまで欺きつつ、無益の公家の出立や当家の武士にはすたりなん、とつぶやく事限り無し」とある。大内氏の瓦解《がかい》の前兆が出始めていた。

大内氏家臣の陶《すえ》氏、内藤氏、杉氏などが、国主的に変化し、大内氏の統制下から離れ始めていた。武断流の陶晴賢《すえはるかた》（1521～1555）は、国盗りに動き出した。重臣が彼に忠告したが義隆は動かず歳月は過ぎ、ついに、天文20年（1551）8月、陶をはじめ杉、内藤の軍が蜂起し彼は山口を追われた。陶氏、反乱の知らせを聞きながら、彼は、幸若舞を観賞していたという話が残っている。

長門深川の大寧寺《だいねいじ》に逃れたが、9月1日、ここで彼は自刃して果てた。そして京文化への傾倒を毛嫌いしていた陶氏らの反乱兵により、前関白の二条尹房《ただふさ》（1496～1551）ら当時山口在住の公家等は、8月29日、ことごとく殺されてしまった。

文化という魔物に取りつかれ、戦国大名と別の道を歩んだ悲劇を、大内義隆が演出した一生であった。

5 陣中で「饅頭」を売り、名器の茶釜と自爆した武将がいた

それは、裏切りや謀略の限りを尽くし死んでいった、松永久秀《ひさひで》（１５１０?～１５７７）である。斉藤道三（１４９４?～１５５６）や北条早雲（１４５６?～１５１９）と並んで戦国の三奸雄《さんかんゆう》とされ、茶道具収集だけでなく、城郭建設に芸術的な感性を発揮し、不思議な個性を持つの武将である。

この彼も信長（１５３４～１５８２）には頭が上がらなかった。家康（１５４３～１６１６）が信長に対面した時、そばに久秀がいた。信長は「この老翁《ろうおう》は世人の成し難き事、三つ成したる者なり」と始め、「将軍足利義輝《あしかがよしてる》を弑《しい》し葬り、又、己が主君の三好を殺し、南都の大仏殿を焚《たき》たる、松永久秀と申す者なり」と紹介した。久秀は汗を流して、黙いて語らずだったと伝わる。謀略の奇才と言われる久秀だったが、信長には頭が上がらず、この馬鹿にした様な言葉にも反論しなかった。

松永久秀

型破りの話が伝わっている。元亀《げんき》元年（１５７０）からはじまった「石山本願寺攻め」の時、彼は先頭に立って茶会を開き、部下に郷里の女房を呼ばせ一時を過ごすのを許したり、陣中で「饅頭《まんじゅう》」

を作って、他の陣営に売りに歩かせたりした。

彼は生まれの育ちも不明である。一説には、京の山城の西岡（西京区）出身とか、阿波とか直江とかあるが不明である。天文10年（1541）頃までには、京都で活躍する三好長慶《ながよし》（1522〜1564）の右筆《ゆうひつ》（書記）となり、懐刀《ふところかたな》となって台頭していく。北条早雲と同じ様に遅咲きで、歴史の舞台に登場するのは天文年間の終りで、40才になってからの事である。初めは摂津《せっつ》滝山城主（神戸市中央区）だったが、その後、大和信貴山《しぎさん》城（奈良県生駒《いこま》郡平群《へぐり》町《ちょう》）に移った。その後、永禄3年（1560）8月、三好長慶の命に寄って大和をほぼ平定する軍功を上げ、長慶の彼への評価は大きくなった。

この頃から、軍略家としての才能を発揮し出した。そして主君に取って代わろうとする野心を抱き始めた。宣教師のルイス・フロイスは『日本史』の中で松永久秀について「三好殿の下に、もう一人の執政《しっせい》があって名を弾正殿と言った。この人は大和の国の殿で、年長で勢力あり富裕で人々から恐れられていて、大層恐ろしい暴君だった」と書いている。

最初は将軍義輝も主君の長慶も、久秀を重要の男と思っていたが見事に足を掬《すく》われたのだ。奸智《かんち》にかけては天才的な男だった。京にあって「税」を思いのままにかけて私腹を肥やしたという。その金で朝廷や有力公家に金品を贈り、主君を招いて「猿楽」を催したりして歓心を買うのが得意だった。その一方で、「讒言《ざんげん》」や根拠のない「噂話、謀略話」で、主君長慶とその兄弟の信頼関係を突き崩して亡き者にし、長慶嫡男義興《よしおき》（1542〜1563）を毒殺、長慶嗣子・義継《よしつぐ》（長慶の養子）（1549〜1573）を京から追い出し、長慶の美人妻（左京大夫局）を我がものとするなど「悪辣《あくらつ》、非道」振りを発揮している。精神的に完全に落ち込んだ長慶を、久秀は思い通りに操り、京の都を一時期勢力範囲に収めた。（この毒殺説は、後世に造られた軍記物を典拠とする風聞とされる。）

次に、言う事を聞かぬ将軍義輝に目を付け、息子松永久通《ひさみち》をして、三好三人衆等と共に、永禄8年（1565）5月19日に「二条の館」に攻め込み、兵力1万2千人で義輝を討ち取った。

将軍を攻め殺す事が平気で行われるほど、室町幕府の権威は低下していた証拠であった。ところが擁立した十四代将軍義栄《よしひで》を巡って、久秀と三好三人衆は次第に対立し、翌年の「和泉国《いずみのくに》の戦い」で、久秀は大敗を喫し堺に逃れたが、これで引き下がる男では無かった。態勢を立て直して永禄10年（1567）三人衆が陣取る東大寺に夜襲をかけて三人衆の軍勢を追い散らすが、この混乱の中で、東大寺は炎上し大仏殿は焼けてしまった。10月10日である。奈良の大仏は広く庶民の信仰を集めていただけに、久秀の悪名は天下に鳴り響く事になった。

確固たる政治権力が不在の中、京では常に小競り合いが行われていた。天下布武の信長が永禄11年（1568）9月に上洛した途端に天下の形勢が全く変わった。信長の実力を知る久秀は、早々に屈服し家臣となった。信長は彼を「京に詳しい男」として利用しようと考えていたが、久秀は、したたかだった。彼は武田信玄を通じて信長に背《そむ》いたが、進軍途上で信玄は死に、久秀の目論《もくろ》みは見事に外れてしまった。再度信長に降伏したが殺されずに助かった。

彼は信貴山《しぎさん》に城を構え、奈良北部に多聞山《たもんやま》城を築き一時居城とした。当時この城は極めて大きな城であった。宣教師アルメイダは「この城は日本の中で最も美しいものだ。又、世界でも類を見ない程のものだ」と記している。信長は、安土城の参考にしたとも言われる。近世城郭に見られる「多聞櫓《たもんやぐら》」は、ここに由来している。城内には障壁画を持つ美しい書院も設けた。信貴山城の改築では、五層六角の見事な天守閣も築いた。久秀は近世城郭建築の先駆者として名高い、異色の一面を持つ風流武将であったのだ。

その後、越後の上杉謙信が動き、天下の形勢が信長に不利になってくると、「石山本願寺の攻め」に加わっていた久秀は、大和信貴山に戻って、元亀2年（1571）に続き再び反信長の「狼煙《のろし》」を上げた。天正《てんしょう》4

年（1576）、10月10日、仏徒として門徒（本願寺）を敵をするのは同じ仏門徒として耐え難いと言う意見もあり、織田信長に逆襲と評定《ひょうじょう》が一決した。この度の信長への離反は家臣一統の献策であった。翌年8月17日、石山本願寺攻めを離脱、信貴山城に籠る。計算高く、権謀術策に長《た》けた彼は、見通しが甘かった。信長は2万3千の兵で攻めた。滅亡が迫る中、久秀は日課としていた「灸《きゅう》」を悠々とすえさせて、信長の使者から天下の名器とされる「平蜘蛛《ひらぐも》」の茶釜を譲る様に勧められたが応じず、これを首に掛け「自爆」したと伝わっている。天正5年（1577）、これまた10月10日であった。

信長に意地を見せて、彼の生涯にふさわしい壮絶な最期であった。

6 戦国武将にちょっと例のない道雪のふるまい
―義に殉じた九州男児の野望

駕籠《かご》に乗って前進あるのみの采配を振るい続けた男、雷の化身《けしん》とされた男、もしもその時代に写真があれば立花道雪《たちばなどうせつ》は、どんな顔をしていたであろうか?落ち目の大友氏を見捨てることなく、島津氏の前に立ちはだかり、そして71年の生涯の殆《ほとん》どを野戦場で過ごした彼は、下半身不能の病者となり、歩行不能の彼は駕籠に乗り、戦闘の指揮をした。三十七度の合戦で一度も遅れをとらなかった。これに対して、もう一人肥前《ひぜん》の熊と恐れられた龍造寺隆信《りゅうぞうじたかのぶ》がいて、彼も歩行不能の将で六人担ぎの山駕籠に乗り合戦に出場した。島津・有馬両軍と戦った「島原沖田畷《おきたなわて》の合戦」で不覚にも首級を敵に進ずる羽目となった。隆信は余りの肥満体であったために、馬に乗れず山駕籠の世話になった。

道雪は若い頃雷に打たれた怪我で歩行困難となった。この話は別記の娘誾千代《ぎんちよ》に書いた。永禄年間、大友氏の影響力は道雪の働きによって九国二島《きゅうこくにとう》にも及んだ。ところが、大友宗麟《そうりん》はその成功に酔って、酒色《しゅしょく》に、うつつをぬかすようになった。家臣の妻女にも手をつける。女に囲まれた奥に籠って、表の侍所《さむらいどころ》にも顔を出さなくなった。老臣たちが登城しても顔を見せない。佞臣《ねいしん》を重用し、諌《いさ》める者を罰した。まさに典型的暴君だ。そこで道雪は、なんとかして目をさまさそうとして毎日登城するが、奥に引き籠って相手になろうとしない。姑息な手段をしない道雪だが、一世一代の大芝居をうつことになった。なんと武骨者の道雪が宗麟を見習い、多くの美女を集め、その女たちに夜となく昼となく舞を踊らせ、それを見物しながら酒盃を傾けた。驚いたのは他の家臣たちである。これで大友家もいよいよ末世《まっせい》かと嘆いたが、宗麟の受取りようは違った。「ほほう、あいつがのう」宗麟は道雪の狂気を喜んだのだ。「道雪はもともと、月見・花見・酒宴に乱舞、何一つとして、性に合わなかったのに一体なんとしたことか。一度この目で確かめてくれよう」宗麟の訪問を道雪は喜んで最高の歓待《かんたい》をした。この席で道雪は、宗麟をこんこんと諌めた。彼も大物で、キリシタン狂いも西洋の優れた文明を手に入れるためで、一《ひと》角《かど》の戦国武将であった。道雪の諌言《かんげん》には怒

立花道雪

ることなく耳を傾けた。だがこれも一時のこと、大友氏は次第に衰えていった。道雪は、高橋紹運《じょううん》と心を合わせて、大友氏を支え続けた。この道雪には、誾（吟）千代と名付けた一人娘が居た。紹運に願って、長子の統虎《むねとら》を養子に譲り受けた。この婿がのちに秀吉や家康にさえも、一目置かれた勇将、立花宗茂《むねしげ》であった。

7 森一族

森可成《よしなり》

森蘭丸一族が、信長・秀吉・家康の三英傑を支えたと云っても過言ではない。〃森蘭丸一族〃というと、蘭丸（成利《なりとし》）自身が「本能寺の変」で討死したことが知られている程度で、一般には余り詳しく知られていない様である。蘭丸の父・森三左衛門可成（1523～1570）は、始めは美濃の斎藤道三に仕えていたと云われているが定かではない。弘治《こうじ》元年（1555）頃から織田信長に従い、信長の尾張《おわり》統一事業に軍事面で多大な貢献をした。特に知られている戦功は、永禄3年（1560）信長が「桶狭間《おけはざま》」で今川義元《よしもと》の本陣を急襲した際、信長が徒歩で秘かに本陣に近づこうとしていたのを可成が押しとめ、乗馬のままで急襲を進言したことであろう。森可成のこの一瞬の機転が無ければ、日本史上でも例のないこの奇襲作戦は成功していなかっただろう。この後、可成は美濃攻め、近江《おうみ》攻めなどでも抜群の戦功を残し、この途中に美濃金山《かなやま》城（岐阜県兼山町）の城主に抜擢された。それまでの森氏の本拠は尾張蓮台寺（岐阜県羽島郡笠松町田代）であったが、永禄8年（1565）秋に一族と共に金山に移り、以後この金山を本拠として各地を転戦する一方、城の補強や城下の繁栄にも熱意を注いだ。可成は永禄10年（1567）からは軍事面のみでなく、信長の新領地での「民政」

森可成

面でも活躍を始める。元亀元年（1570）近江から東の入口にあたる「宇佐山城《うさやまじょう》」（滋賀県大津市南滋賀町）を守備。信長が摂津で戦闘中、浅井・朝倉連合軍が京に入ろうと宇佐山城を猛攻、これに対して森可成《よしなり》はこれを死守して討死した。蘭丸（成利）（1565～1582）は可成の子。父の戦死後、信長の小姓《こしょう》として仕える様になり、諸将の饗応や取り次ぎ、文書への加判《かはん》など秘書的な役割をこなした。武田勝頼《かつより》滅亡後、兄・長可（1558～1584）に替わって「美濃国岩村で5万石」を領す。〝本能寺の変〟で弟の坊丸、力丸と共に主君を守って討死した。

森可成・長可《ながよし》

朝倉・浅井連合軍により宇佐山城で討死した可成、その次男に長可（1558～1584）がいた。蘭丸（成利）の兄である。父の死で長兄の可隆《よしたか》（伝兵衛）も同年に戦死していたため、僅か13才で美濃国金山城（岐阜県可《か》児《に》市兼山）を相続し城主となり、信長より一字拝領し「森勝蔵長可」を名乗った。父に似て知将であった。元亀4年（1573）3月、伊勢国の「第二次長島一向一揆討伐」に織田信忠《のぶただ》の部隊に参加して初陣。天正2年（1574）「第三次長島一向一揆討伐」で功を成し、天正10年（1582）の武田氏追討でも大活躍し信濃四郡20万石を領した。信長の死後、天正12年（1584）「小牧長久手《こまきながくて》の戦い」で秀吉軍として出陣し、徳川方と善戦するも鉄砲攻撃を受け壮烈な戦死を遂げた。家族宛ての遺言状が有名である。夫人は池田恒興《つねおき》の娘。池田恒興も小牧長久手戦で戦死した。この戦いの総司令官は豊臣秀次《とよとみひでつぐ》で、秀吉は部下の名将を亡くしたのを大いに悲しみ、秀次の無能振りに大きく怒りを表した。これが関白秀次排除の一つの原因とも思われる。

8 浅井長政「信長を討ちとる好機があった」
―父・久政「信長暗殺の話を排す」

浅井長政

織田信長と浅井長政《あざいながまさ》が、初めて対面したのは永禄11年（1568）8月7日、近江の佐和山城（滋賀県彦根市佐和山町）だった。信長が〝天下布武〟の思いを胸に上洛する直前とのことである。信長は長政に「太刀一振り」「槍百本」「縮面百《ちりめんひゃく》反《たん》」などを贈り、長政は浅井家の「宝刀」「近江錦」「馬」などを贈った。この時信長は、250人前後の家臣しか引き連れていなかったと伝わる。作家の津本陽氏は著作『歴史に学ぶ』（2000年講談社）で、破滅願望としか思えない信長の危険な行動としてこれを取り上げておられる。「戦国乱世の時代に、この常識外れの行動」とした上で

「危険を承知の上で、長政への信頼感をこういう形で示したのだろう」と、推測されている。

佐和山城に滞在した後の帰路で、信長はさらに危険な行動に出たと云われる。『浅井三代小谷城《おだにじょう》物語』（馬《ば》場《ば》秋星《しゅうせい》著　1987　木精舎）などによれば、柏原《かしわばら》（滋賀県米原市）の寺院に泊まった際、周りにいたのは小姓十四・十五人だけだったという。饗応役の浅井側の家臣は、安心して泥酔した信長を後に、馬を小谷城に走らせ「信長を討取る好機」と訴えた。長政は大いに心を動かされたようだが、父の久政が「当家を頼み、心やすうちとけし、信長を殺さば、義を失う」として討取りに出なかったという。この時、すでに「本能寺の変」の前奏曲が起っていたのであった。

9 山中鹿之助の家来への手紙「何れなりともご奉公あるべく候」

これは、出雲の尼子家再興の勇士として名高い山中鹿之助《やまなかしかのすけ》幸盛《ゆきもり》（1545～1578）が、その家来の進《しん》藤《どう》勘介《かんすけ》に宛てて長年の忠節の功に感謝し、主従の義縁を断ち他家への仕官を勧めたものである。時は天正6年（1578）の7月5日、山中鹿之助が主君尼子《あまご》勝久《かつひさ》（1553～1578）と共に籠城していた播磨の上月《こうづき》城《じょう》は落城し、寄せ手の毛利軍に降伏した直後である。

幸盛はその月17日、西へ送られる途中、備中《びっちゅう》松山城の麓、高梁《たかはし》川（甲部川）と成羽《なりわ》川の合流点にあたる「合の渡」において、毛利方の兵士のために暗殺されたとされ、捕らえられ、合（阿井）の渡しで殺害されるまでの間に書かれたこの手紙は絶筆になった。

『永々被遂牢、殊当城籠城之段無比類候、於向後聊忘却有間敷候、然者何へ成共可有御奉公候　恐々謹言　七

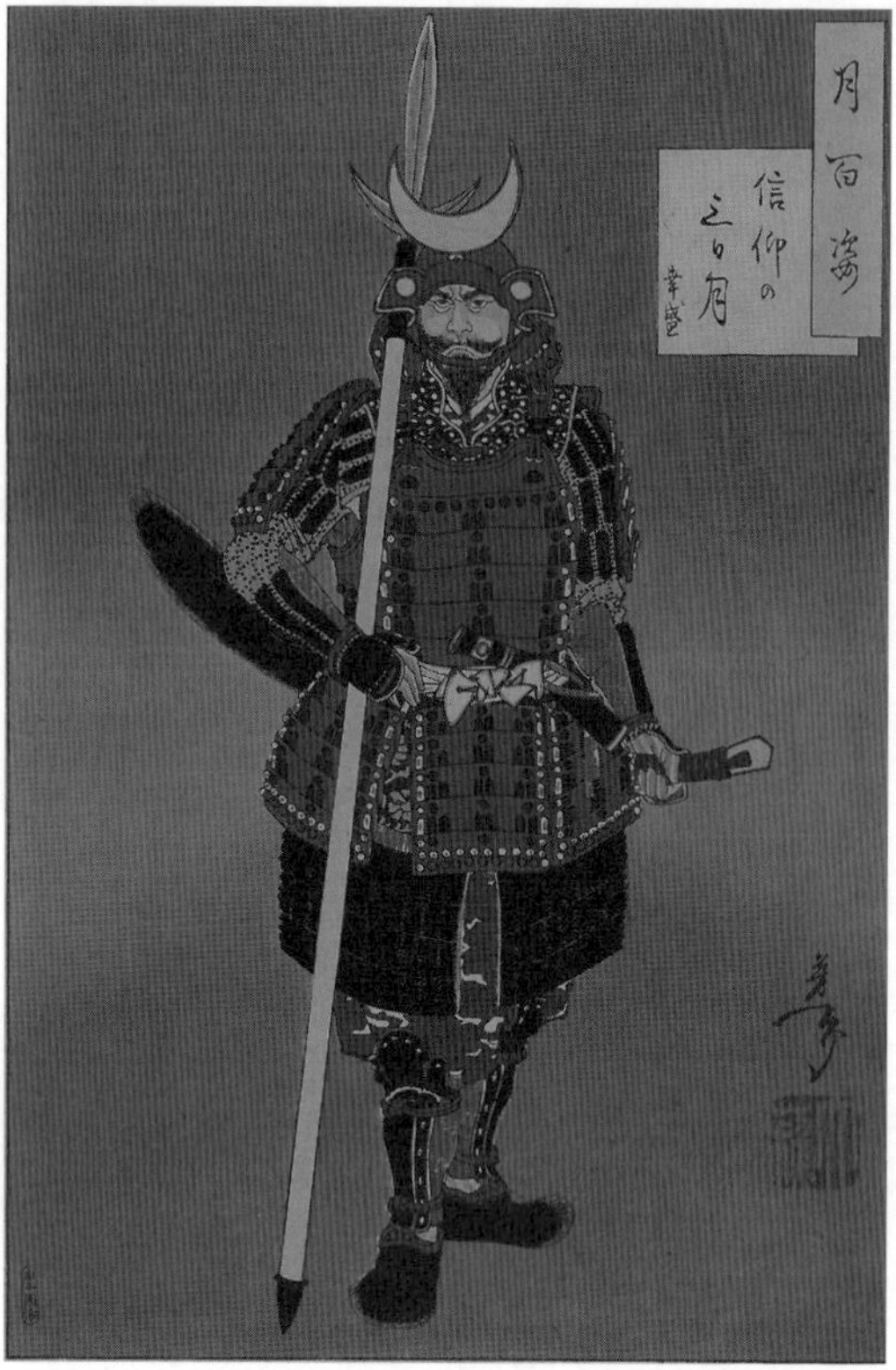

山中鹿之助

月八日 幸盛（花押）〆進藤勘介殿 山鹿』

（訳）「長々、浪人生活で辛抱した上に上月城に籠城された事は比類のない立派な事と思う。今後ともそのほうの忠節の働きは生涯決して忘れはせぬ。かくなる上は何れなりとも落ち行き、他家に奉公して欲しい」。

攻防の記事にある。

6月初旬、尼子勝久は進藤甚助、力石小六らに大筒の奪取を命じ、大亀山に忍び込み大筒を谷底に投げ落とす。

山中鹿之助は砲撃により城内の士気が低下したことを懸念し、笛石七平、進藤勘介、力石小六、堀権大夫、伴大介らに大砲奪取を命じる。尼子勢は杉原の陣地を夜討し、大砲奪取に成功したものの、途中毛利勢に発見され、上月城内に持ち帰ることはできなかったが、谷底に大砲を落として、上月城への攻撃を回避することに成功。

上月城（兵庫県佐用郡佐用町）は、唯一の頼み秀吉の援軍に見捨てられ糧食欠乏でついに城を開き、尼子勝久（1553～1578）は自害し山中は降伏。ここで山中は敵を偽って降り、命のある限り尼子の再挙を図るつもりであった。毛利方はこの忠臣の義の心を見抜き「備中の合渡」で暗殺したのだった。

10 大友家随一の武功なれど、岩屋城で壮絶に散った高橋紹運

高橋紹運《じょううん》（1548～1586）は、父とも仰ぐ立花道雪が天正13年（1585）に71才で陣没したとき、38才であった。道雪亡きあと、落ち目の大友氏の命運は、紹運の双肩《そうけん》にかかることになった。ところが、それからわずか1年後の天正14年7月27日、紹運の籠る筑前《ちくぜん》岩屋城は、島津義久《よしひさ》の率いる5万の薩摩勢に囲まれ、わずか700余の手勢でよく戦い、戦国史上まれなる激戦の末、全員、戦死を遂げた。この紹運の最期は、しばしば「玉砕」と表現されている。辞書によると「玉砕」とは「玉が美しく砕けるように名誉や忠義を重んじて、潔《いさぎよ》く死ぬこと」ということになっている。戦時中（第二次大戦中）に好んで使われた形容で、とかく抵抗を覚える言葉である。しかし、紹運の最期に、これほどふさわしい言い方もない様である。

高橋紹運

高橋紹運は、大友氏に仕える吉弘《よしひろ》左《さ》近《こん》太《だ》夫《ゆう》鑑《あき》理《まさ》の子として、天文17年（1548）に生まれた。幼名弥《や》七郎《ひちろう》。「紹運」は号であり、本名は「鎮種《しげたね》」である。彼と岩屋城は密なるつながりを持っているのだが、当初から紹運は岩屋城主であったわけではない。岩屋城を預かっていた高橋鑑種《あきたね》（1529？～1579）が仇敵《きゅうてき》の毛利氏に通じたので大友氏は鑑種を殺し、高橋家を絶とうとした。ところが高橋家の老臣北原鎮久《しずひさ》（？～1580）が、弥七郎を後継《あとつぎ》に望んだ。そのこと

について大友氏の重臣は、次の詮議《せんぎ》を行った。「高橋家の居城である、岩屋、宝満《ほうまん》の二城は当家にとっては大事な備えだ。滅多な者を配しておくべきではない。鑑種は若年なれど人物に不足はない。その上、彼の家来は高橋家と縁戚《えんせき》の間柄ゆえ、名跡《めいせき》を継いでもおかしくはあるまい」。そこで紹運は吉弘姓を捨て、高橋姓を名乗ることとなった。

彼がまだ若かった頃のことである。兄の鎮信《しげのぶ》（?～1578）が、彼のために大友宗麟の武将・斎藤兵部《ひょうぶ》少輔鎮実《しょうゆうしげざね》の妹を、嫁にと約束した。ところがその後、戦い続きで紹運の婚礼の儀もできなかった。そこで紹運は鎮実に対面した時、時期を失していることのことを詫び、近く結婚する旨を告げた。すると鎮実が紹運の申出に首を振った。「たしかに貴殿の兄上にそのような約束をしたが、妹はその後天然痘《てんねんとう》を患い、ふた目とみられぬ醜女《しこめ》となってしまった。とても貴殿の妻女というわけにはまいらぬ」。これを聞くなり、紹運は顔色を変えて鎮実に詰め寄った。「思いも及ばぬことを聞くものです。斉藤家といえば代々武勇の誉れ高い武人の流れであればこそ、兄者が拙者の嫁にと望んだのです。拙者といたしましても、色好みに浮いた気持ちで嫁にと望んでいるのではござらぬ」と、心の程を披歴《ひれき》した紹運は、それから間もなくこの女性（宋雲院殿）を妻に迎えた。

そしてこの二人の間に生まれたのが勇将の立花宗茂《むねしげ》（1567～1643）である。宗茂は、数多い戦国武将の中でも秀吉が特に目をかけた傑物《けつぶつ》で、「関ヶ原の戦い」で石田方となったがために筑後《ちくご》柳川13万石を失ったものの、家康の後の二代将軍秀忠《ひでただ》は宗茂の誠実な人柄を世に埋もれるのを惜しみ、自分の旗本衆に迎え、その後に旧領の柳川へ復帰を遂げさせた。豊臣・徳川の苛酷な政権交代の中で、どちら側からも信頼された人物は彼位ではなかろうか。

11 細川藤孝（幽斎）とは？

天文3年4月22日、彼は京都岡崎に住む足利家臣・三淵《みぶち》晴員《はるかず》（1500～1570）の二男に生まれた。本当の父は、室町幕府十二代将軍足利義晴という説もある。天文9年（1540）、父の兄、細川家支流「細川元常家」の養子となったとされ、近世細川家の祖となる。天文15年（1546）将軍義輝の当時の名前「義藤」の一字を貰って「藤孝《ふじたか》」として元服、将軍の近臣となる。「応仁の乱」に際しては、三度にわたって、近江坂本や朽木《くつき》に逃げた。この時は苦労した。朽木に居た時、近くの神社の灯明油を盗んで歌学を勉強し、4ヶ月の滞在で二巻の歌書を暗記したという。文人の一面、力も強かった。文武両道の武将であった。

細川藤孝（幽斎）

永禄8年（1565）5月、付き従っていた将軍義輝が松永久秀らに暗殺された。そこで彼は義輝の弟である、奈良興福寺の覚慶《かくけい》を担ぎ出し「将軍義昭」とし、信長を頼る工作に成功した。そして信長は上洛。永禄11年（1568）10月18日、足利義昭《よしあき》（1537～1597）が十五代将軍就任、「室町幕府再興」成る。その後、信長と義昭の対立で板挟みになったが、義昭を見切って信長臣下になる。元亀4年（1573）3月29日のことである。この洞察力は、若い頃の苦労経験から「力が全てだ」という事を、骨身に染みて知っていたからだろう。そこで信長から、桂川《かつらがわ》の西の地を与えられ「勝龍寺城」（京都府長岡京市勝竜寺）を堅固な城に改修した。この城は鉄砲時代に対応した先駆的城といわれた。ここで12年を過ごす。その中で三条西家の実枝《さねき》（実澄）（1511～1579）から、古今和歌集の解釈典義の古今伝授《こきんでんじゅ》を受け、天正4年（1576）に完了といい、これが後に彼を救う武器となった。

　三条西家に代々伝わる「古今伝授」は一子相伝《いっしそうでん》の秘事であったが、息子公国《きんこく》（1556～1587）が至《し》極《ごく》の大病にかかり、明日の命が期し難くなったけれども、その子実条《さねえだ》（1575～1640）はまだ幼童であったから、実枝はやむなく、すべてを細川藤孝（1534～1610）に伝えた。弟子の細川藤孝に和歌歌論書「初学一葉」を与え、「たとえ細川家の嫡男の一人といえども、絶対に他人には伝授しないこと、三条西家に、もし相伝が断絶するようなことがあれば、責任をもって伝え返すこと」等を誓わせ、古今伝授を行った。後にこれは現実のものとなり、藤孝が伝授していた公国が早世すると、藤孝（幽斎）は実枝の孫の実条《さねえだ》に古今伝授を伝えた。

　そして藤孝は、明智光秀と共に丹後平定に苦労した。彼は信長に可愛がられ、信長に「淀の鯉」を贈ったのは有名で、信長から進物の礼状9通が残されている。当時、鯉は、まず城州（山城国）の淀川の産が第一とされ、宇治川、勢多川、琵琶湖の産がこれについで良い…とされたそうだ。

その後、「本能寺の変」の危機を乗り越え、「関ヶ原の戦い」でも大きな危機を乗り越え、〝細川〟は残った。幽斎《ゆうさい》は、当時の権力者を、より選別し、「橋渡り」の上手な文人武将であった！

12 豊臣秀吉

秀吉は少年時代、なぜ浜松に行ったのか

秀吉（1537～1598）は、天文20年（1551）春、14才の時、亡き父の形見、永楽銭一貫文を母から貰って〝遠州浜松〟の土豪、松下加兵衛のところへ旅立ち、そこで小者として仕えていた。なぜ、わざわざ遠州（遠江国《とおとうみのくに》）の様な離れたところに行ったのだろうか。

その理由は、松下加兵衛之綱《ゆきつな》（1537～1598）の抱え鍛冶《かじ》で、美濃の〝関鍛冶〟から遠州掛川《かけがわ》の高《たか》天神《てんじん》（高天神城のあったところ）へ移住した刀工「兼明」の存在に求められる。「遠州の刀工末古」として知られる「高天神兼明《たかてんじかねあき》」である。兼明は、秀吉母系の兼真《かねざね》や、加藤清正《きよまさ》母系の兼吉《かねよし》の門下である。秀吉母の「なか」のコネクションで、遠州松下家のお抱え「兼明」を訪ねるべく鍛冶修行の旅に浜松まで行ったのではなかろうか。

刀剣商で研究者、故藤代義雄氏は「兼明」についてこう記している。「高天神兼明、天文一遠江、末古刀、上々作、右衛門四郎と称し、駿河にも住む、武田信虎より一字を授かり虎明とも云う〝互の目乱れ尖りたる、純《じゅん》末関風《すえせきふう》〟のものもある」。

兼明の鍛冶場で「フイゴ」吹きや掃除などの下仕事をしていた矢先、松下加兵衛にその器量を見込まれて「侍へのワンステップ」を踏み出したのだろう。「人から見ればサル。サルと思えば人」。これは松下加兵衛の少年

豊臣秀吉

秀吉に対する第一印象である。

ここで清正母系の兼吉を見てみよう。この関善定兼吉は、関の古刀匠を代表する一人である。秀吉と清正の血縁関係は、両者の母の血縁よりもさらに遠く、それぞれ祖父、曽祖父、即ち「関の刀鍛冶、兼吉、兼真」の関係にまである。秀吉母方の祖父蜂屋兼真と、清正母方の曽祖父善定兼吉は、師弟鍛冶であったようである。名古屋市中村区中村公園が秀吉出生地、清正の出生地も近くにある。

秀吉軍が珍しく敗れた、「小牧・長久手の戦い」

木々の青葉を抜ける風の吹く心地よい先年の初夏の午後、筆者は愛知県長久手市を訪ねた。筆者の友人の中野鉄也氏が長久手市郷土史研究会の会長をされているので、御案内とご解説を聞いた。

同市岩作色金の色金山《いろがねやま》歴史公園を訪ねる。小高い丘になった公園の頂上には、天正12年（1584）4月「長久手の合戦」で秀吉軍と対峙した家康が、長久手を見渡せる色金山で軍議を開いたとされる巨岩（床机石）が鎮座している。「当時の軍議では大将は何も言わず、武将に意見を言わせていた。家康もこの石に座って、井《い》伊直《なお》政《まさ》等の戦略を聞いていたでしょう。」と、中野会長が教えてくれた。高さ1m強の二つの石には400年以上前の決戦を見守った威厳が滲《にじ》み出ていた。

信長の死後、二男織田信雄《のぶかつ》と家康は、秀吉と対立した。小牧で膠着状態になった後、秀吉軍の別動隊が家康の本拠地岡崎に向けて進軍を開始。この動きを察知した家康軍が追撃し両軍相まみえたのが「長久手の地」であった。長久手の合戦は家康の勝利に終わり、その後結局は秀吉に臣従したものの、家康の存在感を更に大きくした。

この合戦で犠牲になった将兵は2千人といわれる。町内には討死していった武将達を顕彰する石碑が多く在る。秀吉方の池田恒興《いけだつねおき》や森長可《もりながよし》のものや、戦死した将兵を、両軍を問わず供養した首塚もある。多くは江戸、明治期に建てられたものだが、常は訪れる人も少ない。

せっかくの観光資源としてPRしていきたいと、中野会長は、長久手合戦余話を話してくれた。

13 名宰相とうたわれ佐賀藩の礎を作った鍋島直茂

鍋島直茂

佐賀藩35万７千石の藩主鍋島氏の遠祖《えんそ》は、近江源氏の佐々木高綱《たかつな》であるといわれ、その九代孫の長岡伊勢守経秀《たかひで》は、故あって肥前に下り、鍋島村に住みつき鍋島氏を称するようになったといわれている。経秀が永徳《えいとく》３年（１３８３）に死去すると経秀の子経直《たかなお》は龍造寺氏を頼って本拠を本庄村《ほんじょうむら》に移した。それ以後、この地が鍋島氏の本拠地となったのである。鍋島代が世に認められるようになったのは佐賀藩の始祖《しそ》となった鍋島直茂《なおしげ》の祖父清久《きよひさ》の活躍によってであった。享禄３年（１５３０）中国の大内勢が肥前に攻め入り、田手畷《たでなわ》において少弐勢《しょうにぜい》と戦った時、鍋島清久（１４９０～１５４４）・清房（１５１３～?）父子は鬼面をつけた２００余名の兵士と共に大内勢を側面から攻めて、少弐氏を勝利に導いた。龍造寺家兼《いえかね》（１４５４～１５４６）は清久の功を賞する共に嫡男家純《いえすみ》（１４７９～１５４５）の娘を清房に嫁がせた。この婚姻によって龍造寺氏との結びつきを深めた鍋島氏の力は侮り難いものになっていったのである。清房と家純の娘の間に生まれたのが鍋島家の祖・直茂（１５３８～１６１８）である。彼は天文７年（１５３８）３月13日、本庄の館で生まれ、幼名を彦法師《ひこほうし》、17才では左衛門大夫《さえもんだゆう》と称し、後に飛騨守信生《のぶお》、そして天正17年（１５８９）加賀守直茂《なおしげ》に改めた。彼の武勇が認められたのは元亀《げんき》元年（１５７０）の「今山合戦」においてである。以下、別記を参照。

そして、天正12年（1584年）3月、史上名高い「沖田畷の合戦」では、龍造寺隆信（1529〜1584）は島津家久《いえひさ》の巧妙なる「釣野伏《つりのぶせ》の計」にかかり、戦場の露と消えた。敗報に接すると、直茂は巧みに兵を収め帰城した。勢いに乗った島津勢は隆信の首を持参し、佐嘉城（佐賀城）の開城を迫ったが、直茂は隆信の首の受け取りを拒否し、「名門龍造寺氏に降伏の二文字はない。早や攻められよ。肥前武士の意地をお見せ申す」と決然《けつぜん》と言い切った。この直茂の決意の固さを知った家久は城攻めの無益を悟り、軍を返した。

そして直茂は、隆信の亡き後、龍造寺政家（1556〜1607）を総帥とし、自らは政家を補佐し事実上の執政となった。しかし、政家は島津の圧力に伏して島津の旗下《きか》に入ってしまった。「龍造寺氏危うし」と考えた直茂は、秘かに使者を京へ入洛させ、関白秀吉に直茂の名で「我が龍造寺は島津の圧力に屈し、心ならずも島津の傘下にいますが一刻も早く殿下の九州入りを熱望しております。九州入りの際は我等に先陣を申しつけられるようお願い申し上げます。」と言上させた。天正14年（1586）9月、直茂の必死の諫言《かんげん》によって政家は島津と手切れを宣し、秀吉旗下に入り肥後北部へ進攻した。天正15年（1587）3月、秀吉は長門国赤間関（山口県下関市）に到着した。直茂は、特に許され秀吉に拝謁した。秀吉は「そちが直茂か。その方の所業誠に神妙である。今後とも忠勤に励め」と言葉を授けた。秀吉の大軍の前にさすがの島津勢もなすすべを知らず、島津義久は、天正15年5月に秀吉の軍門に下った。秀吉は筑前筥崎《ちくぜんはこざき》において九州経営の為の国割りを行った。鍋島直茂は、立花宗茂（1567〜1643）と共に大名となった。秀吉は直茂に「龍造寺政家は、当初は島津に加担し、予に反抗したのは不届きではあるが、この愚鈍なる政家を補佐し、予に一味し行動したそちの功に免じ、肥前のうちに六郡を与え居城は佐嘉とする。直茂、その方には肥前の北高来郡《きたたかぎぐん》（長崎県）と養父郡《やぶぐん》の一部を与える。居城は諫早《いさはや》じゃ」と申し渡した。直茂はこうして初めて龍造寺氏より独立した大名として明治維新まで続く肥前32万石の大藩の基を築いたのである。この陰には女智将ともいうべき、鍋島清房の後妻・慶誾《けいぎん》（1509～1600）の所在があったのは見逃せない。

14 長宗我部元親と浦戸城

長宗我部氏は古代の渡来氏「秦氏」の末といわれる。秦能俊《はたよしとし》が、土佐国長岡郡宗部郷（高知県南国市）に居住し、長宗我部氏と称したのに始まる。

長宗我部元親

永正5年（1508）岡豊《おこう》（南国市）を追われた長曽我部国親《くにちか》（元親の父）（1504～1560）は、土佐の幡多郡中村（高知県中村市）の一条氏の保護を受けたが、のち永正15年（1518）岡豊に戻り永禄3年（1560）桂浜に近い〝戸ノ本〟で本山氏と戦って（戸ノ本合戦）、浦戸城（高知市浦戸）を奪取した。この戦闘に初陣した元親《もとちか》（1539～1599）は、天正3年（1575）7月、土佐を統一、「土佐の出来人」として勇名を馳《は》せた。一時、四国全土に覇を唱えたが、同13年

（1585）8月豊臣秀吉の四国征討に敗れ、土佐一国の知行《ちぎょう》を許された。翌年、秀吉の九州平定に従軍。元親は豊後戸次川《ぶんごへつぎがわ》畔における薩摩藩島津家久との戦闘で、長子・信親《のぶちか》（1565～1587）と兵700人の戦死を乗り越え、城下町の建設、検地の実施など領内の改革に乗り出す。しかし、慶長5年（1600）の「関ヶ原の戦い」に、嗣子・盛親《もりちか》（1575～1615）は西軍に加担し、長宗我部の歴史の終止符を打った。

　長宗我部元親と盛親父子が拠った浦戸城は、もと本山氏の支城であった。現在高知城が聳《そび》える大高坂山《おおたかさかやま》に移った元親であったが、鏡川《かがみがわ》の氾濫に悩み2年後の天正18年（1590）浦戸城に入ったという。以後二代で10年にわたって政庁の役割を担った。なお、その後、土佐に入国した山内一豊《やまのうちかずとよ》（1545～1605）も慶長8年（1603）に高知城に移る迄、この城に留《とど》まっていた。今この城址には、桂浜荘が建っているのみで、往時の面影を偲ぶ様もない。荘の入口の左側にある〃大山祇《おおやまずみ》神社〃の小丘が、天守の跡といわれている。高さ数メートルの城址跡は旅館「桂松閣」の下、県道沿いの斜面にある。浦戸城址から市街へ向かうとやがて右側に「長宗我部元親」の墓碑がある。家並みの間の階段を登ると細身の石塔が石垣に囲まれている。慶長4年（1599）5月19日、京都伏見で没した遺骨をここの山中に葬ったと云われている。

15 黒衣の予見者、安国寺恵瓊

　天正元年（1573）12月12日付で安国寺恵瓊《あんこくじえけい》が、信長と秀吉の印象を綴って、「信長之代、五年、三年は持たるべく候。明年辺は公家などに成さるべく候かと見及び申候。左候て後、高ころびに、あおのけに転ばれ候ずると見え申候。藤吉郎さりとてはの者にて候」と、二人の運命を予見した書状を国元に送っている。この

安国寺恵瓊（左側）

予見通り、10年後の天正10年（1582）6月に「本能寺の変」が起こって、信長は「高ころびに、あおのけに転んでいる」から、彼は〃黒衣の予見者〃といわれている。彼は滅びた安芸武田を出自としたといわれる臨済宗の僧であった。その見識の豊かさと剛胆さ、行動力を買われて、毛利の参謀軍師となっていた。そして中国攻めの大将、秀吉との交渉に当たっていたが、秀吉の人間的魅力と器量の大きさに惚れ込んで、「秀吉に天下をとらせる為に」〃中国大返し〃のきっかけを作った男といわれている。

天正10年（1582）秀吉は毛利勢と対峙し、備中高松城を取り囲んで「水攻め」を行っていた。戦況が不利になった毛利勢は、秀吉との交渉の使僧として彼を遣わせた。彼は毛利の外交責任者として、秀吉の重臣蜂須賀正勝や黒田官兵衛等と、数度にわたる交渉を行った。秀吉の条件は「毛利の領土の分割」と「城主清水宗《しみずむね》治《はる》の切腹」であったが、彼の粘り強い交渉によって、秀吉は領国の分割については譲歩したが宗治の切腹については譲らなかった。だが毛利としては忠節を尽くした宗治の切腹は受け入れられなかった。そこで恵瓊は水没迫る高松城に小舟で一人乗り込み、城主の清水宗治に直談判をし、宗治の武士としての面目を立てる為に「籠城の将兵の命を助ける」を条件に、切腹を了承させた。

この交渉の際、彼は「本能寺の変」を、果たして知らなかったのかどうか問われるところである。なぜならば彼としては、信長の死を伏せて交渉した秀吉に、まんまと出し抜かれた交渉となっているからである。しかし果たしてそうであろうか？ これについては一般的には、光秀から毛利に密使が遣わされたが、密使が間違って秀吉の陣に入り捕われ「密書」を読んで、秀吉が信長の死を知ったといわれている。その他、信長側近長谷川宗仁《そうにん》からの飛脚説や、秀吉の透波《すっぱ》説があるが、恵瓊が本当に知らなかったのだろうか？「本能寺の変」の直後、光秀は妙心寺に兵を撤収していることから、妙心寺派の〝僧〟である彼は京の異変を誰よりも早く知る立場で、それを知るルートがあったはず、それ故に彼は知っていたのではないかと思われる。それを裏付けるものに、中国大返しの後に信長の死を知らせる使者が毛利陣営に着いた時、毛利軍は直ちに秀吉軍を追撃すべきと主張する者たちを抑えたのが、彼と小早川隆景《たかかげ》である。毛利が追撃していたら、明智と毛利の挟み撃ちで秀吉は敗北していただろう。彼は「秀吉天下統一」の期待を持っていたのだと思われる。中国大返しのあと賤ヶ岳《しずがたけ》で柴田勝家を破り、勢いに乗じ毛利に対して美作《みまさか》、備中、備前の三国引き渡しと、吉川《きっかわ》、小早川に人質を迫った為、毛利は彼を交渉に当たらせ、難航の末、和議が成立した。

そして恵瓊は秀吉の臣下となり、四国征伐後、伊予国和気郡《わけぐん》に2万3千石の知行地を拝領し、武将となると共に、五大老に毛利輝元を推挙して、毛利と豊臣を繋ぐ役割を果した。しかし、毛利の重臣で反秀吉派の吉川広家から「毛利家を秀吉に売った裏切り者」として非難され、毛利家中から浮き上がり、親徳川と親豊臣の間に立ち、関ヶ原を迎える事になってしまった。恵瓊は、洛北大原の寺まで逃げ延びたが、さらにそこから鞍馬《くらま》の月照院に逃れて、一両日匿ってもらった。それ迄彼に従ってきた5、60人の郎党も主人の金を持ち逃げ、残るところは僅か5、6人となった。彼はさらに谷に逃れ山伝いに雲畑という在所に出た。しばらくして、人に紛れて万が一にも助かりはせぬかと、そこから東福寺を目指し乗り物で洛中に出るも、潜んだ本願寺内興正《こうしょう》寺《じ》の端坊明勝《はしのぼうみょうかつ》宅で捕えられた。慶長5年（1600）9月22日のことであった。

16 海賊衆から〝水軍大将〟に大出世

挫折を「バネ」に、戦国期最強と言われた水軍の大将九鬼嘉隆《くきよしたか》（1542～1600）。江戸期の軍記物で〝海賊大将〟の異名を取り、舟の設計もする「造船家」の一代の栄光と悲哀の、そして波乱の生涯はこうであった。

九鬼家は代々志摩国英虞郡《あごぐん》の波切城《なきりじょう》（三重県志摩市大王町波切）を根拠し、海賊衆として栄えていた。嘉隆は次男として生まれたが、長男が若死しその息子も死んだ為、にわかに家を継いだ。地元の伝承には、これは暗殺だとされる説も残る。

当時、志摩の国には、この九鬼を含めて有力な海賊衆が何家もありこれを伊勢の国主北畠《きたばたけ》氏が配下にしていた。

嘉隆は有力海賊衆の掟に背き居城の波切城を攻め落とされた。後、波切を追われ浪人をし、尾張に移って、永禄11年（1568）滝川一益《かずまさ》（1525～1586）の家臣となった。この関係で信長配下に入った。追放という挫折を「バネ」に、志摩の士衆の将で終らず、大きく飛躍した強運の人であった。この頃、自立していた海賊衆にも戦国大名の支配が及ぶ情勢となり、水軍の再編成が始まった。追放されていた嘉隆は、信長の家臣となった為に水軍編成の指揮官として、出世の大きな糸口をつかんだ。永禄12年（1569）の頃、夜襲や謀略等で次々と海賊衆を配下に収め、政略結婚で鳥羽城主・橘宗忠の娘（法輪院、宗忠妹とも）を、27才の時、妻に迎え入れ、戦国大名の一歩を踏み出した。

信長水軍の「頭」として、永禄12年、まず伊勢の北畠討伐や、天正2年（1574）長島一向一揆の鎮圧に寄与し、宿願の志摩統一に乗り出した。彼の出番が来た。〝天下布武〟の前に立ちはだかる「石山本願寺」との対決は、大坂の制海権を握った者が勝利する構図であった。

九鬼嘉隆

天正4年（１５７６）7月13日、大坂木津川口で第一次海戦が行われ、瀬戸内の海賊衆、村上水軍、毛利水軍の８００艘と、信長方の嘉隆ら３００余艘が対決し戦った。毛利水軍の焙烙《ほうろく》火矢で焼き崩され大敗を喫した。信長は水軍の強化の必要を悟った。強力な水軍力が無ければ「石山本願寺」は落ちないと、嘉隆に対して燃えない大船6隻の建造を命じた。設計技能を持っていた彼は、当時の大船「安宅船《あたけぶね》」を鉄板で装甲し、強力な大砲も装備し、2年後の天正6年（１５７８）この船は堺港に着港し、9月30日、信長もこの鉄船を見物した。全長24メートル、幅14メートルの巨大「鉄甲船」の出現であった。この年11月6日、木津川口の再戦が起こり、初戦（第一次）は村上水軍の火矢作戦に苦しめられたが、後半戦（第二次）は敵の指揮船を撃つ、彼の作戦が功を奏し、「鉄甲船」の威力を発揮して九鬼水軍の大勝利となった。

この戦功により、彼は志摩に加え、摂津野田・福島などを与えられて7千石を加増され、3万5千石の領有として、織田水軍のトップとなった。天正10年（1582）6月2日の「本能寺の変」の後、彼は一時期、秀吉に反旗を翻したが許され、天正18年（1590）「北条攻め」では、海上攻撃で活躍。文禄《ぶんろく》元年（1592）からの、彼の出番の「朝鮮出兵」では水軍大将となっている。他の武将は、彼に海賊のノウハウを学んだという。

慶長2年（1597）隠居する。慶長5年（1600）その時、「関ヶ原開戦」という石田三成《みつなり》の申し入れを断り切れず、西軍として参戦、家督を譲った息子の守隆《もりたか》（1573～1632）は東軍となり、守隆居城の「鳥羽城」を巡って父子が戦う不幸が起こった。彼は奪取した鳥羽城を捨て、10月12日、自害した。

彼は「三成に味方して、父子が分かれ敵となり、結果的に死を招くことになったが、思い残すことはない」と、見事に〝切腹〟した。これは、どちらが敗れても家名を存続させるための嘉隆の戦略だったという。

17 矢作川に映す三河武士の魂

ここは、矢矧橋。尾張中村を出奔《しゅっぽん》した日吉少年（後の秀吉）と野武士の頭目《とうもく》される蜂須賀小六《はちすかころく》との出合いの橋である。創作の逸話であろう。

矢矧川は矢作川《やはぎがわ》とも書く。木曽山脈に源を発し、岡崎市でその西部を流れる大河である。その昔、日本武《やまとたけるの》尊《みこと》が東夷征伐の途次、この宿で矢をたくさん作らせたことから「矢作」という地名が残されたという。「五万石でも岡崎さまは〃アーヨイコノシャンセ〃お城下まで船が着く～」と民謡岡崎五万石に唄われる城下町。天文11年（1542）12月26日、竹千代（徳川家康）はこの岡崎で呱呱《ここ》の声をあげた。松平氏の苦難が始まった時であった。世をあげて下剋上の乱世である。朝に同盟、夕べに離反、侵略欲と保身欲が渦を巻いて大地をゆるがしている。東に駿河の今川氏、西に尾張の織田氏と強豪に挟まれ、父の松平広忠《ひろただ》（1526～1549）は、悪戦苦闘を重ねた。家康の生まれた年、今川氏は松平氏と結ぶべく画策する。この年8月、今川・織田両軍は小豆坂《あずきざか》で相まみえたが、織田方優勢の内に戦いは止む。家康が生まれた6年後、天文17年（1548）3月、今川・織田両軍は再び小豆坂で戦い、松平家臣酒井正親《まさちか》（1521～1576）の活躍によって今川方が勝利した。それでも深追いは出来ず、両者の決着は桶狭間まで持ち越された。名鉄男川《おがわ》駅から南へ700メートルほど行った丘陵地帯が小豆坂古戦場跡で、切り立った崖の上に碑がある。またその付近にて織田方の兵士が激戦

徳川家康

の後、槍を立てかけて休んだという槍立松の碑や血洗い池がある。家康は6才の時、織田信秀《のぶひで》に、8才で今川義元に人質として預けられる。嫡男を人質にとられながら、どうにか持ちこたえていた広忠だが、天文18年3月、岡崎城内で家臣の岩松八弥《はちや》（『三河後風土記』）に殺され、岡崎の地は今川義元に乗っ取られてしまう。能見原で荼毘《だび》にふされ、岡崎市松本の松応寺《しょうおうじ》が広忠の密葬地とされ、墓前には家康手植えの松が、枝を伸ばしている。これは同年11月、今川氏の人質として駿府に行く途中、家康が父広忠の墓前に参り、その目印として植えたもので寺号の由来とされている。永禄《えいろく》3年（１５６０）5月、今川義元が桶狭間で敗死した時、家康は今川方の先鋒として尾張大高城《おおだかじょう》（名古屋市緑区大高町）に遠征していた。家康は命からがら逃げ帰り、織田方の追手を斥《しりぞ》けたが、この折、家康を守って討死した寺僧《じそう》らを弔ったのが、西光寺（岡崎市井ノ口町片坂）の「大衆《たいしょう》塚《づか》」である。家康は今川氏と離反し、岡崎城に復帰して徳川氏を名乗り三河平定に乗り出す。永禄5年（１５６２）には織田信長と同盟を結び、領国経営を進めるが、その翌年には「三河一向一揆《いっこういっき》」が起こる。徳川氏の苛酷な収奪に対して上宮寺《じょうぐうじ》を拠点として勝鬘寺《しょうまんじ》・本證寺《ほんしょうじ》の門徒衆が蜂起したのである。一揆勢には、後には家康の懐刀《ふところがたな》となる本多正信《まさのぶ》（１５３８～１６１６）や酒井氏らの一部の家臣も加わっており、平定に半年を費やした。三河一国を手にした家康はさらに遠江《とおとおみ》に兵を進めて今川氏を攻略する。元亀元年（１５７０）6月には、居城を曳馬《ひくま》（浜松）に移し、平岩親吉《ひらいわちかよし》を付けて岡崎城を長男・竹千代（信康《のぶやす》）（１５５９～１５７９）に譲った。その後、姉川、三方ヶ原、長篠《ながしの》と戦いをくぐり抜け、秀吉政権のあとに天下を取る家康の道程は厳しく、その陰には「三河武士」と称される忠烈《ちゅうれつ》な譜代の家臣団がいたことを忘れてはならないのである。この間、家中に波風が立った。天正7年（１５７９）、信長から武田氏と内通の疑いをかけられた正室築山殿《つきやまどの》と信康を見殺しにした家康。今、若宮八幡宮（岡崎市朝日町）に信康の首塚が、また欠町《かけまち》の八柱《やはしら》神社に築山殿の墓がある。さて、この築山殿と家康の確執は。

18 徳川家康

家康の手紙〝今も通用する育児法〟

徳川家康が息子の二代目将軍秀忠の正室〝お江《ごう》の方〟に宛てた手紙がある。

「幼少の者は頭が良いからといって、それをほめてばかりいて（何も手を加えずに）立木のように育てると、大人になったころには〝わがまま者〟になり、あとあとは親のいうことも聞かないものである。」

この言葉は現在でもあてはまる言葉である。慶長17年（1612）2月の日付である。

この手紙が残っていて偽作《ぎさく》と云われてきたが、近年この現存の手紙は本物の手紙の写しであることが実証された。〝お江の方〟は、同じ実子であり乍ら、当時8才の〝竹千代〟（のちの三代将軍家光）の方は嫌い、6才の国千代（のちの徳川忠長《ただなが》）を溺愛していたので、家康がその〝育児法〟を心配して諭したのがこの手紙である。家康はこの時70才、孫に甘くなりがちな〝オジイチャン〟とは思えない、厳しい態度の内に、深い愛情が入っている。

家康の心配は的中し、〝わがまま〟で粗暴に育った、国千代は色々と事件を起して、28才の時、切腹となってしまった。家康は自分の健康管理から投薬迄、その上、孫の教育法迄考えていた珍しい老将であり、徳川長期政権の基礎をしっかりと作った偉人である証が、こんなところにも見られるのである。

徳川家康への宇宙からの使者

江戸後期の天保《てんぽう》2年（1831）、71才で没した尾張藩の学者・秦鼎《はなかなえ》（1761〜1831）は、その著

『一宵話《ひとよはなし》』巻之二（異人）に「肉人」というべき怪人が、徳川家康《いえやす》（1543～1616）のいた駿府城内へ現れた事を記している。文化7年（1811）の成立とされる。

慶長14年（1609）4月4日の事という。その朝、城内の庭に形は小児の様で「肉人」とでもいうのか、手は有りながら指は無く、その手で上の方を指して立っている奇怪なものがあった。それを見た人々はびっくりして妖怪変化ででもあろうかと思い、大騒ぎをして捕えようとしたが中々捕える事が出来ない。この騒ぎが家康の耳に入った。近侍の者が「如何致しましょうか」と伺いを立てる。家康は「その様なものは人の見ぬ所へ追い出してやれ」と命じた。

銅版画家・牧墨僊《まきぼくせん》（1775～1824）の編集原文では、「神祖、駿河にゐませし御時、或日の朝、御庭に、形は小児の如くにて、肉人ともいふべく、手はありながら、指はなく、指なき手をもて、上を指して立たるものあり。見る人驚き、変化の物ならんと立ちさわげども、いかにとも得とりいろはで、御庭のさうざう敷なりしから、後には御耳へ入れ、如何に取りはからひ申さんと伺うに、人見ぬ所へ逐出しやれと命ぜらる。やがて御城遠き小山の方へおひやれりとぞ。或人、これを聞て、扨も扨もをしき事かな。左右の人たちの不学から、かかる仙薬を君に奉らざりし。此れは、白沢図に出たる、封といふものなり。此れを食すれば、多力になり、武勇もすぐるるよし」。

原文には一説として「此怪物は切支丹なり。遂やれと仰れしという」と、キリシタン即ち異国人と見たらしい事も付記してある。人々は捕まえるのを中止して、城から遠い小山の方へ追いやってしまった。

その話をある人が聞いて「それは惜しい事をした。近習たちがものを知らぬ為、あの様な高貴な仙薬を御主君に奉らずにしまった。あれは『白沢図《はくたくず》』に出てくる封《ほう》というものだったのに」と残念がったという。

白沢図《はくたくず》というものは中国の仙術書の一つであろう。「封」は「胎」。つまり出産の折、胎児を包んでいる膜を胎盤「へそのお」の総称と思われ不老長寿薬とされているものだが、原文では「つとへび」「そうた」の類で「此れを食すれば、多力なり、武勇も優るるよし」と漢方の「八味地黄丸」など足元にも及ばぬ高貴薬と記されている。家康も家臣も「封」のことはよく知っていたはずである。しかし、穢《けが》らわしいものを食して多力武勇になるのは武士の本意でなく、きわめて卑怯《ひきょう》なことだとして、これを捨てたのだと思われる。

棚からぼた餅の幸運を願うのも、淫祠邪教《いんしじゃきょう》に心を任せるのも、おおかた肉人をありがたがるのと似たようなものである。

だが、その「肉人」は宇宙人ではなかったか。警戒厳しい駿府城内の家康の居室に近い庭へ、忍びの者でも侵入する事はまず不可能である。それを誰にも咎《とが》められずに楽々と入って来たのだ。これは侵入したのではなく上空から降下してきたのだ。又、姿も「指の無い手を持った肉人」の表現は宇宙服そのものではないか。「小児の様だ」というのは、子供の様に背が低いという事で。

『徳川実記』に、慶長十四年四月四日に駿府城内の庭に、手足に指の無い怪人が「ボロを着て髪を乱したたずんでいた」と同じ事が記されているのに注意して見たい。

19 家康の三河時代、東家老の酒井忠次

家康の三河時代、両家老と呼ばれた内の一人に酒井忠次《さかいただつぐ》（1527～1596）がいる。彼は大永《だいえい》7年（1527）生れで、家康（1543～1616）より15才年長である。しかも忠次は、家康の父、松平広忠《まつだいらひろただ》（1526～1549）の妹・碓井姫《うすいひめ》（?～1613）を妻としていた。忠次は単なる家臣ではなく、頼

りになる身内として家康の頭の中にあったのだ。
三河一向一揆《みかわいっこういっき》の時、左衛門尉《さえもんのじょう》家《け》の惣領だった酒井忠尚《ただなお》（?～?）が、一揆方となり没落した為、忠次に左衛門尉家の家督がまわって来た事も大きな要因であった。

忠次が家康に重く用いられる様になった理由がもう一つあった。いわゆる駿河人質時代、幼い家康に従って駿河に入り苦楽を共にした事である。忠次は12年間ずっと駿河で生活した訳ではないが、特に異郷の生活の中で、15才年長の忠次は、頼もしく感じたのだ。

永禄3年（1560）5月の「桶狭間《おけはざま》の戦い」は、家康及び家臣団にとって大きな転機となった。今迄通り今川氏の保護国でいるか、今川氏と手を切って自立するか、二つに一つの選択に迫られた。今川氏との関係が長かったので、家臣の中でも婚戚関係を結んだり妻子を人質に取られている者も多く、家中の空気は今まで通り今川路線でいく方向が主流であった。この中で「今川とは手を切るべし」と強硬に主張する者がいた。それが酒井忠次と石川数正《いしかわかずまさ》（1534～1609）であった。松平徳川氏の発展にとって、この時「今川と手を切り、織田と結ぶ」と家康が決断した事は大きな意味を持ち、その決断のプロモーターが忠次だったのである。

家康が清洲城（愛知県清須市一場）に直接信長を訪ね「清洲同盟《きよすどうめい》」を結んだのは、永禄5年（1562）1月の事であった。そして早くも、その年の5月には東三河の今川方の城を攻め始めたが、翌6年9月から7年2月に「三河一向一揆」が蜂起した為、東三河への侵攻は一時中止した。そして一揆を圧するや一挙に東三河平定の行動を起した。東三河の要衝は吉田城（愛知県豊橋市今橋町）、当時今川の重臣大原資良《おおはらすけよし》（小原鎮実《おはらしずざね》）（?～1570）が守っていた。家康軍が攻め始めたのは永禄7年5月、忠次は「力攻め」では落ちないと6月「兵糧攻め」を取った。吉田城を囲む形で小坂井砦に石川家成《いえなり》（1534～1609）、内藤信成《のぶなり》（1545～1612）、鵜殿長煕《うどのながてる》（?～1562）を置き、二連木砦に戸田丹波守重貞（?～1564）らを置き、その他の要所に柵や逆茂木を置き、、攻め立てたのであった。今川氏真《いまがわうじざね》（1538〜1614）は援軍を送る事が出来ず、翌8年（1565）3月、開城し退いた。ここに於いて三河一国が完全に家康の手に入った。吉田城の接収が終ると、家康は「吉田城攻め」の第一の功労者、酒井忠次を吉田城に入れた。

そして家康は思い切った機構改革に手をつけた。家康は三河を大きく東三河と西三河の二つに分けた。もともと今川色の濃かった東三河と、松平色の濃い西三河の違いを政治、軍事面に生かそうと考えたのだ。東三河の中心が吉田城で、西三河の中心が岡崎城であった。吉田城主の酒井忠次の下に松平忠正《ただまさ》（1543〜1577）、松平三郎次郎親俊《ちかとし》（?〜?）、松平家忠《いえただ》（1555〜1600）らの松平一門。野田城（愛知県新城市豊島）の菅沼新八郎定盈《さだみつ》（1542〜1604）、牛久保城（豊川市牛久保町）の牧野新次郎成定《なりさだ》（1525〜1566）、作手亀山城（新城市作手清岳）の奥平定能《さだよし》（貞能）（1537〜1599）ら東三河の家臣が付けられた。その為、酒井忠次の事を「東三河の旗頭」と呼んだ。今川色が強く新領地となったばかりの東三河に、家康自ら行って支配に乗り出すのではなく、忠次を送りこんで任せきったあたりに、家康の度量の大きさが見てとれる。それだけ忠次が、家康の絶大なる信頼を得ていた事を実証しているのである。

20 家康三河時代、西の家老石川数正―秀吉に引き抜かれた家老

吉田城（愛知県豊橋市今橋町）が落城し、酒井忠次《さかいただつぐ》（1527〜1596）が城主となり、東三河の旗頭となった時、西三河の旗頭を命じられたのは、石川家成《いしかわいえなり》（1534〜1609）であった。

東三河の酒井と同じく、家成の下に東三河の家康家臣がつけられた。松平真乗《まつだいらさねのり》（1546〜1582）、

松平信一《のぶかず》、松平忠就《ただなり》（忠倫《ただみち》の弟）（?〜?）らの松平一門や、西尾城の酒井重忠《さかいしげただ》（１５４９〜１６１７）、東条城の松平康親《まつだいらやすちか》（１５２１〜１５８３）らである。只、東三河の酒井忠次と違っていたのは石川家成自身には城が与えられていなかった点である。家康《いえやす》の居城・岡崎城（愛知県岡崎市康生町）で、城代という立場で西三河の家臣を管掌していた。

三河期の家康の軍制は、「三備《みつぞなえ》」と呼んでいるが、三つの内二つは酒井を旗頭とする東三河軍団と石川家成を旗頭とする西三河軍団であり、もう一つは家康の直属軍であった。これを当時は「旗本先手役」と呼んでいる。それには本多忠勝《ほんだただかつ》（１５４８〜１６１０）、榊原康政《さかきばらやすまさ》（１５４８〜１６０６）、大久保忠世《おおくぼただよ》（１５３２〜１５９４）、柴田康忠《しばたやすただ》（１５３８〜１５９３）、植村家存《うえむらいえさだ》（１５４１〜１５７７）といった、そうそうたるメンバーで構成されていた。

さて西三河の旗頭の石川家成であるが、石川清兼《いしかわきよかね》（?〜１５７８）の二男ながら母が正室であった事から、家督となり重要なポストにつけられた。家康（１５４３〜１６１６）より8才年長である。この家成は、家康の初陣の時から軍功をあげており「酒井左衛門尉忠次と共に諸軍を指揮す」とある点が注目される。この二旗頭体制は永禄12年（１５６７）5月迄続いた。

家康はその前年の12月から「掛川城」（静岡県掛川市掛川）を攻めていたが、永禄12年5月、ようやく開城となり家康の持城となった。この時、掛川城を誰に任かそうかと相当悩んだ様だ。というのは武田との密約で、一応今川氏滅亡後の遠江《とおとうみ》を領国として加える事は出来たが、信玄《しんげん》（１５２１〜１５７３）との関係は微妙で、単に武功一点張りでなく政治的手腕のある人物を配置しなければならなかったからである。そこで西三河の旗頭石川を持ってくる事を考えた。そうなるとそれまでの両家老の体制が崩れてしまう事になる。領国が遠江まで広がったとはいえ、家康にしてみれば三河、特に西三河は本貫の地である。両家老の体制も維持したい。そこで白羽の矢が立てられたのが家成の甥にあたる石川数正《いしかわかずまさ》（1533～1593）だった。

数正は、清兼の長男康正《やすまさ》の長男である。家康より10才年長であった。そして功績の大きいのは信長《のぶなが》との同盟を推進した事である。今川と手を切り、織田と結ぶという松平・徳川路線転換に貢献した事が、この抜擢《ばってき》の背景であった。


この家康領国拡大により、両家老体制は一つ目の変化を迎えることとなった。

元亀元年（1570）6月、家康は居城を浜松城に移した。元亀3年（1572）の12月、浜松城が武田の大軍に攻められそうになり、家康は討って出て「三方ヶ原の戦い」となる。家康は武田軍に打ちのめされて「ホウホウの態《てい》」で逃げ帰った。その時、留守を守っていた酒井忠次は城門を開け放ち、かがり火を焚き太鼓を打ち鳴らし続けた。武田軍は側まで攻め寄せたが「何か城中で奇計を企んでいるかも知れない」と兵を引いた。これが有名な「酒井の太鼓」の話である。明治期初演の歌舞伎狂言「太鼓音智勇三略」であるが、「城門を開け放しにした」、この忠次の奇策により、家康は窮地を救われたというのである。

天正7年（1579）、両家老体制は二つ目の大きな変化を迎える。「築山殿事件《つきやまどの》」である。家康の長男信康《のぶやす》（1559～1579）と、その妻で信長の娘の徳姫《とくひめ》（1559～1636）の不和が原因で起きたこの事件は、8月、その母築山殿（1542?～1579）の殺害と、9月信康の切腹という結末で終ったが、信長との折衝にあたった忠次が、信康を救う事が出来なかった為、家康と忠次との間に次第に溝が生じ始めた。忠次は家康から遠ざけられる結果となり、両家老は有名無実のものとなった。

そして三つ目の大変化。天正13年（1585）11月の「石川数正出奔事件《しゅっぽん》」である。天正12年（1584）「小牧・長久手の戦い」では家康が勝ったが、結局、講和となり対秀吉《ひでよし》との折衝に出向いたのが数正であった。数正は秀吉と直接会っている内に、その人間的魅力に魅かれ、又、秀吉の方も「引き抜き」を画策。一枚岩の徳川家臣団には珍しい家老の出奔となった。数正の知り尽くしている軍事的機密は秀吉に伝わり、徳川は軍政体制を「武田流」に大転換させねばならなかった。

大河ドラマの井伊直虎《いいなおとら》（?～1582）の養子・直政《なおまさ》（1561～1602）が、これからの人となり、本多忠勝《ただかつ》（1548～1610）、榊原康政《やすまさ》（1548～1606）の三人が、その後の徳川家臣団の中核となって、家康の天下制覇の戦いを戦い抜いていったのである。いわゆる「徳川三傑」である。

21 大久保長安　金山師がたった一度戦功をたてた

慶長5年（1600）9月の「関ヶ原の戦い」、この戦いで大久保長安（1545～1613）の生涯ただ一度の〝戦功〟をたてた。同年7月に長安は下野国《しもつけのくに》宇都宮にいた。小荷駄奉行として後方戦線で活躍していた。8月に突如、信濃戦線に加えられた。信濃は真田昌幸・信繁（幸村《ゆきむら》）父子、森忠政《ただまさ》（川中島藩主）、石川康長（松本藩主）がおり、抵抗は頑強だった。東軍の進路にあたる〝木曽谷〟によって抵抗しているのが犬山城主の石川貞清《さだきよ》である。

信濃に詳しい長安が呼ばれたのはその為であった。真っ先に木曽谷を平定しなければならない。長安はまず、木曽義昌《きそよしまさ》の旧臣山村、千村《ちむら》、馬場の三人を登用する事を進言した。三人は木曽谷に詳しい、大軍を動かさずに……。この三人に寄って山岳戦を展開する。長安の作戦は的中した。山岳戦は有利に展開し木曽谷は平定。続いて東美濃へ、更に犬山城へ。そして犬山城の石川貞清を潰走《かいそう》させる。しかし「長安の作戦」が、その後どう戦局をどれだけ有利にしたかは疑問である。それは真田昌幸の上田城に向った秀忠軍が、猛烈な抵抗に遭い、落す事が出来ず数日間を無駄にしていた事からも明らかだ。長安作戦は「一局地」のものでしか無かったのだろう。

秀忠は9月15日の決戦に間に合わず、関ヶ原赤坂宿（岐阜県大垣市）に着いたのは、なんと19日だった。家康はカンカンに怒って、秀忠に面会を許さなかった、榊原康政《さかきばらやすまさ》のとりなしで、ようやく怒りを解いて、23日大津で、家康と秀忠は対面した。この秀忠の遅参が、家康にひとつの錯覚をもたらした。家康にしては稀な事だろう。家康は大久保長安の作戦が、大変見事に見えたのである「あ奴は、戦略家としても優秀ではないか、もっともっと使えるわ！」錯覚が錯覚を生んでいく。錯覚に拠る長安への信頼が生れたのだった。

「関ヶ原の戦い」後、甲州は徳川家の所領となり、長安は国奉行に、甲州の金は長安が管理する。長安は武田の蔵前衆の頃から金山採掘の天才的金山師《かなやまし》として活躍し、家康に仕えてからも、財政の源泉を作った人だった。しかし、晩年に入ると、全国鉱山からの金銀採掘量の低下から家康の寵愛を失い、美濃代官をはじめとする代官職を次々と罷免されていく。さらに正室が早世するなどの不幸も相次ぐ中で、慶長18年（1613）4月25日、中風のために死去した。彼の死後大久保家は、生前に長安が金山の統轄権を隠れ蓑に不正蓄財をしていた（大久保長安事件）という理由で、取り潰されたのである。

22 山内氏入封と浦戸一揆

土佐長宗我部が〃関ヶ原〃で敗れ、遠州掛川から〃山内一豊〃が9万8千石（のちに24万2千石）で土佐に入国した。これに先立ち家康麾下《きか》の井伊直政の家臣・鈴木平兵衛が、慶応5年（1600）10月、一豊の弟・

康豊を補佐して「浦戸《うらど》城」（高知市浦戸）受取り役として雪蹊寺《せっけいじ》に入ると、福良勘兵衛はじめ主将8人に率いられた長宗我部の遺臣（一領具足《いちりょうぐそく》衆）1万7000人は、城に拠って50日にわたって抵抗、対立は長期化したのである。長宗我部盛親（元親の四男）（1575〜1615）に土佐半国、または2郡を与える事を要求したのである。この「一領具足」というのは、普段は馬を飼い耕作に従事するが、田畝《でんぱ》にある時は具足一領をわらじと槍頭にかけておき、一旦、事あるときは、それを身につけて戦場に向かう「兵農合体の武士団」である。しかし、この一揆は、要請に応じて中村から出動した桑名弥次兵衛の謀略により、273名の死者を出して挫折した。同年12月5日のことである。旧臣団の分裂を察知した井伊家臣・鈴木重好（平兵衛）の計略であった。平兵衛は、京の上立売柳ヶ逗子の長宗我部盛親に、城兵説得を命じたという。戦死者の首は、大坂に運ばれ、家康の首実検に供せられたと云う。

12月11日、山内康豊（一豊弟）（1549〜1625）、土佐浦戸城受取役として、鈴木重好から城を受け取る。

慶応6年（1601）1月8日、山内一豊（1545〜1605）、土佐浦戸城に入る。

同年3月1日、山内一豊は、入城の祝賀行事として桂浜で相撲興行を開催し、国中の相撲上手が集まったので大変な人気であった。一豊は、あらかじめ長宗我部の遺臣で浦戸一揆に加わった一領具足や庄屋らを調査し、相撲大会参加者の中73人を見つけて捕らえて、種崎浜で磔刑《たっけい》にする弾圧を行う。同年4月1日、山内一豊は、弟康豊と共に領内視察のため、老臣を随行させて土佐7郡を巡視、万事、長宗我部氏の旧慣に準拠することを申し渡す。同年6月、山内康豊は、土佐中村2万石に封ぜられる。幕府は、康豊の所領を土佐藩の支藩として公認したわけではなかったという。

更に慶長8年（1603）11月には、北部の山間部に滝山一揆が起こる。土佐本山支配の土佐藩家老・永原《ながはら》一照《かつあき》（山内刑部一照）は、郷士らが百姓らを扇動して年貢上納を拒否させていることを知り、中心人物である高石左馬助を呼び出して詰問、高石は凶作を理由に上納を拒否したうえ、鉄砲5挺で武装して本山地区内の滝山に砦を築いて立て籠った。5日間の戦いの果てに一揆勢の敗色が濃厚となるや、高石は霧に紛れて逃走したため、首謀者を失った百姓らは四散した。山内氏への根強い抵抗、その武力抵抗は、ようやく終わる。が、そしてそれは、幕末の土佐「上士」と「下士」の対立へと続いていく。

23 風流武士、前田慶次とはどんな男であったか

2014年、宝塚歌劇で『一夢庵風流記　前田慶次』「原作　隆慶一郎『一夢庵風流記』（新潮文庫刊）」が公演された。早速に読者の女性から観劇に誘われたがチケット完売で「平成の前田慶次」と出会えなかった。ゲーム、パチンコ、パチスロで彼が好きな女性が多くなっているとか。前田慶次利益《まえだけいじとします》（1543〜1612）は、『一夢庵風流記』を原作とする原哲夫の漫画『花の慶次』で一躍有名となった武将で、身の丈六尺五寸（197センチ）の大柄の武将として描かれたので大男とされたが、本当は現在残る甲冑も、他の武将の甲冑と比べて特別に大きさは変わらない。

彼は、関ヶ原の戦いの翌年の慶長6年（1601）に京都の伏見から米沢に下向した時の事を、日記に書き残している。『前田慶次道中日記』には、和歌や漢詩や伝説に対して個人的な見解が書かれているなど高い教養を伺わせる。

『道中日記』の記述から、三人の朝鮮人を召使として従えていてその親が病気になったので、菩提山城主・竹中重門《たけなかしげかど》（1573〜1631）に書状を送って預けてその子二人と旅を続けた。この時「今日までは　お

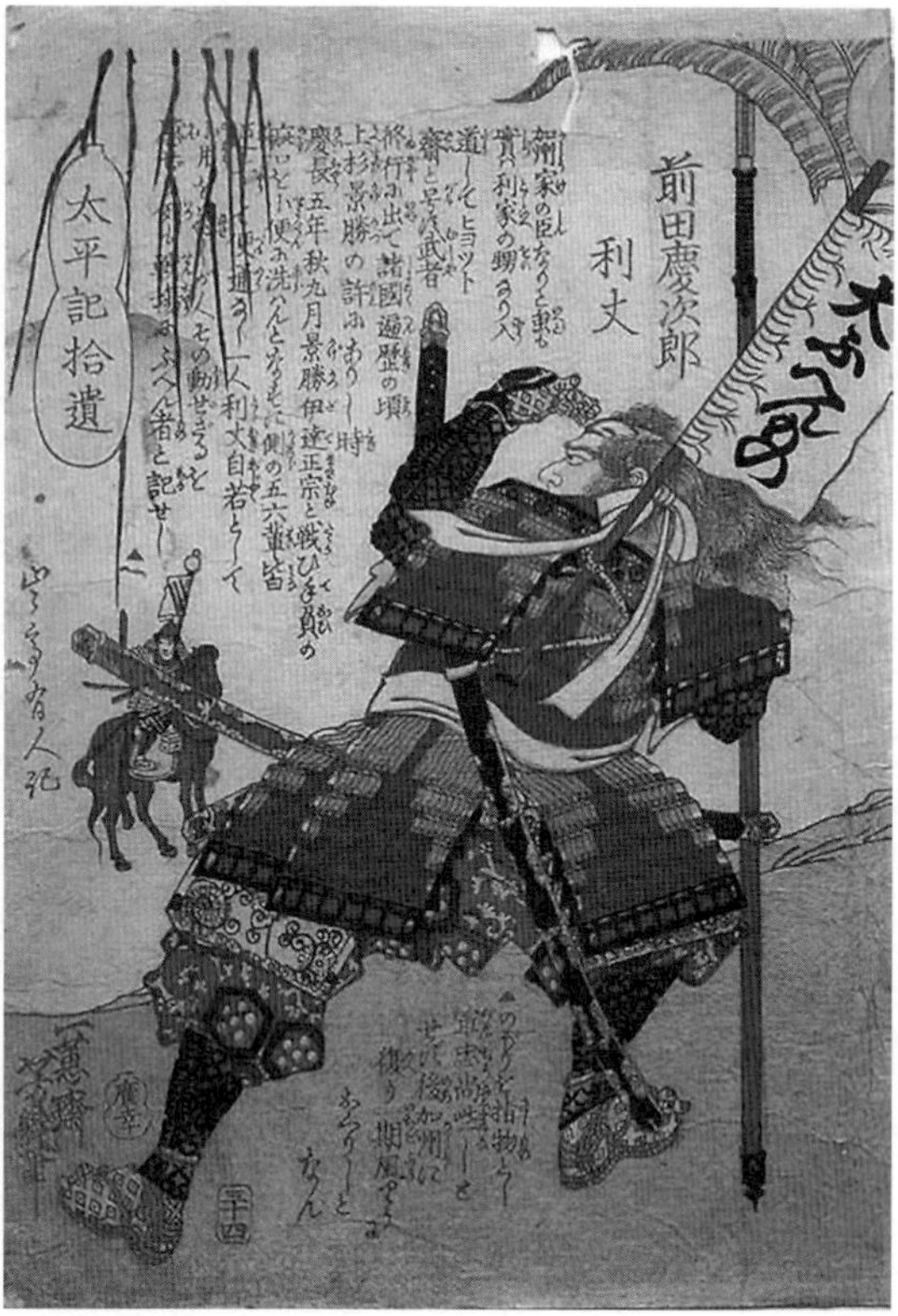

前田慶次

なじ岐路を　駒に敷き　立ち別れるぞ名残惜しかる」と詠み別れを悲しんだ。この父親が預けられたとされる菩提山城（岐阜県不破郡垂井町）に近い養老町の祖父江《そぶえ》には利益《とします》の伝説が残り、「前田の碑」が建っている。

利益に付き従った野崎知通《のざきともみち》は「利貞公（利益の別名）は心たくましく猛将たり」と言い、また「謂《ゆえ》あって浪人となりたまへり。故に一つの望みあり、然れども末行し次第にとろうの理によりて秀日なし」と語る。その望みがどのようなものかは不明である。

利益は、直江兼続《なおえかねつぐ》（１５６０～１６２０）との親交が有名だが、上杉家臣安田能元《やすだよしもと》（１５５７～１６２２）とも親しく、二人での連歌が今に残る。反面、利益には常日頃、世を軽んじ人を小馬鹿にする悪い癖があり、それを叔父の前田利家《としいえ》（１５３８～１５９９）から度々教訓されていた。彼はこれを喜ばず、ある時、利家に「これ迄は、心配かけてしまい申し訳ありませんでした。これからは心を入れ替え真面目に生きるつもりでございます。茶を一服、もてなしたいので自宅に来て頂きたいと思います」と申し入れた。利家は彼が改心したと喜び、彼の家を訪ねると、彼は「今日は寒かったので、茶の前にお風呂は如何でしょうか」とすすめた。利家は「それが何よりの御馳走だ」と喜んで風呂場に向かった。利家が衣を脱いでいると、彼が「丁度良い湯加減です」と、利家が衣を脱いで入ると氷の様な冷水であった。これには温厚な利家も怒り「馬鹿者に欺《あざむ》かれたわ、引き連れて来い」と供侍に怒鳴ったが、利益は愛馬松風に乗って無事に国を去ったという。

彼は通称、宗兵衛、慶次郎、慶二郎、慶次など、現在の歴史本では利益。養父前田利久《まえだとしひさ》（?〜１５８７）は、利家の長兄。利益は、尾張荒子《あらこ》城（名古屋市中川区）主・滝川一益《たきがわいちます》（１５２５〜１５８６）の一族という。天正10年（１５８２）「本能寺の変」の時、滝川勢の先手となり、天正12年「小牧・長久手の戦い」では、佐々成政《さっさなりまさ》（１５３６?〜１５８８）に攻められた。翌年6月「北国征伐—越中阿尾城の戦い」では、城将として、佐々軍を撃退した。

天正15年（１５８７）8月、父利久が没し、利益嫡男の前田正虎《まさとら》（?〜?）が利家に仕え、利久の封地2千石を給された。この年12月、前田慶次郎（利益）は、金沢を出奔するという。利家と仲違いしたため、又は養父利久の死を契機に、前田家との縁がなくなった事によるとも。

天正18年（１５９０）9月、前田家に再出仕するも、しばらくしてまた出奔。京都で浪人の生活、里村父子や古田織部《ふるたおりべ》（１５４３〜１６１５）や多数の文人と交流。出奔以前から京都で文化活動を行っていたという。後に上杉景勝《うえすぎかげかつ》（１５５６〜１６２３）と直江兼続の知遇を得て景勝が会津１２０万石に移封されたあと、慶長3年（１５９８）11月、上杉家に仕官した。慶長5年、「関ヶ原の戦い」の時は、長谷堂城（山形市長谷堂）の戦いで功を上げたが、翌年10月、減封された上杉景勝（１５５６〜１６２３）に従い、米沢に移住。兼続と文化活動を行い、慶長10年、73才で没す。

一説では関ヶ原の戦い後、利長《としなが》の命により大和国刈布という所にて、自らを「龍砕軒《りゅうさいけん》不便斎《ふべんさい》」と呼び、暮し、慶長10年（１６０５）ここで没とも言われている。

24 保身の天才「田中吉政」―その勘は〝秀次事件〟でも通り抜けた

田中吉政（１５４８～１６０９）は、〝田兵《たひょう》〟と呼ばれる「武将」である。田中兵部少輔長政（吉政）の素姓については、新井白石の『藩翰譜《はんかんふ》』には、伯耆守宗弘《ほうきのかみむねひろ》の子で累代《るいだい》、江州《ごうしゅう》高島郡田中に住んでいたとあるが、山鹿素行《やまがそこう》の『山鹿語録』には初名〝久兵衛〟、農民出身とある。

「人の生涯にも色々あるもの也。今の世では、武士で無うては人間では無いわい。年がら年中、汗水たらして苦労しても、腹一杯、飯は食えんような百姓なんぞ、人間とは言えん」と、心機一転。武士になる決心をした。

いくら戦国の世でも、一足飛びに武士には成れない。先ず武家に下人奉公して、追々取り立てられて武士に成るのが順序だが、馬引き中間《ちゅうげん》や、槍持ち中間から務め上げるのでは、まどろくてならない。何とかして「若党《わかとう》奉公」をしたいと思った。久兵衛（吉政）は、この時もう相当な歳、23か24になっていた。

ともかく色々と、知り合いの者にも話をして、心当たりの先が有るなら世話をしてくれる様頼んでいると、運良く、同じ村に住んでいる伯母がやって来た。気の強い利口な伯母で、持ってきた麻布一反をくれた、「これで袴を作れ」と。久兵衛は紺屋《こうや》に持ち込んで「紋を付けて染めてくれ」と、頼んだ。「紋は何でもええ、そっちで見つくろってくれ、そうか日野の蒲生《がもう》様にあやかって三つ巴にしようわい」。そして、刀も手に入れた。

そこへ、運良く、宮部善祥房様のところで「若党」を探しているという情報が入った。宮部善祥房《みやべぜんしょうぼう》（継《けい》潤《じゅん》）（１５２８～１５９９）は、元は比叡山の僧兵であり、江州にあった延暦寺の領地の支配人であったが、自立して武士となり、当時は小谷《おだに》の浅井家《あざいけ》に所属していた。その頃の江州では武名の高い人物であった。

早速に善祥房の所へ行き、幸いに善祥房の〝おメガネ〟に適《かな》って「若党」として採用された。給分《きゅうぶん》は年３石。善祥房は、当時は浅井の宮部村に「砦」を構えていた。久兵衛（吉政）はなかなかの者で、主人の使いで京へ行き、帰途に一人の少年を拾い家来にした。わずか3石取りが、家来を召し抱えたので、家中の〃もの笑い〃の種となった。当時は、人間1日の食で扶持は、玄米5合と定められていた。月に1斗5升。二人なら3斗である。10ヶ月で3石食う事になる。しかし久兵衛は考え所があるので、笑われても、怒る色も無い。半年経つ内に「戦功」を立てて給分は5石となった。

笑った人々は「なるほど」と、皆感心した。『山鹿語録』には、「この冠者、甲斐甲斐しく、つかわれければ、久兵衛もこれを、頼もしくもてなす。小冠者……中略……朝夕の営み、聊《いささ》かも怠らず、事足らぬ事までして、年月を送り、或は水汲み、飯かしぎ、あるいは自ら米をしらげ臼杵をのみことゝして、月日を暮らす」。久兵衛も奉公に努力し、少年も惜しみなく働いた。

田中吉政

それから2、3年後、元亀2年（1571）善祥房は、羽柴秀吉に口説かれ、浅井家を離反し織田の家臣となった。信長は3千石を給して、秀吉の寄騎《よりき》とした。その頃、久兵衛も若党から武士となり30石位貰った。

そして善祥房が秀吉の寄騎として、各地に転戦し戦功を積んで、その身代《しんだい》を太らせるのにつれて、彼の身代も、又、太った。秀吉が弟の秀長《ひでなが》を「但馬《たじま》の計略」に出した時、善祥房は秀長に従い、久兵衛はその時、善祥房手廻り十八騎の一人として母衣《ほろ》を掛ける身分に出世した、高級将校である。しかし主人が大したことが無いから身代は2、3百石であっただろう。

〃この「但馬の計略」の時の話〃……。但馬はこの頃、山名祐豊《すけとよ》（1511～1580）の領地で羽柴秀長（1540～1591）はこの山名と戦った。天正8年（1580）である。

その時、山名家の老臣・垣屋駿河守（豊続）が、3千の兵で高地に陣を張っていた。善祥房は、わずか6百の兵で向かったが、これでは普通では勝てないと見た。一策を考えた。夜、手廻りの十八騎を率いて急襲する事にした。久兵衛はこの一人として参加。紙子の陣羽織、薙刀を下げ、黒馬にまたがって、一番先に「垣屋」の陣に突入し斬りまくった。この夜襲は大成功で、山名方の衰頽《すいたい》のきっかけとなったので、善祥房の功績は並び無いものになった。そして〃一人働き〃として久兵衛の剛勇振りが高く評価された。この一番槍の手柄で5百石くらい加増された。

この翌年10月25日、秀吉は鳥取城を落すと、これを善祥房に与え6万石となり、久兵衛は1千5百石となった。久兵衛が出世をすれば、その家来の宮蔵《みやぞう》は3百石となった。「士分」にし、家紋を委ね、宮蔵は生地の邑名《むらめい》から、名字を宮川とした。秀吉と善祥房は誠に円満だった。後年の摂政関白秀次は、元亀3年（1572）、善祥房の養子（実質は人質）となっている程だった。

この翌年、天正10年（1582）は〃本能寺の変〃が有り、続いて〃山崎合戦〃。そして〃賎ケ岳合戦〃と、秀吉の勢威は上がり、天下が入る事が明らかになった。そして〃秀次〃は天正元年（1573）に、とりかえして、阿波の名族、三好の養子として独立の大名として、久兵衛を宮部善祥坊から貰い受けて「秀次の家臣」として

5千石を与えた。天正10年（1582）頃である。

天正11年（1583）頃には、信吉（秀次）が残った三好家の家臣団を率いる立場となり秀次の貰ったのは「尼崎」と「摂津の池田」で2万石の大名となった。そして秀次の身代が太ると共に、久兵衛（吉政）の身代も太り、2・3年後には「江州甲賀郡八幡山城主」となったと『藩翰譜《はんかんふ》』に記されているが、甲賀に八幡は無い、「蒲生郡八幡」である。ここは天正13年（1585）の、43万石の秀次の城であった。久兵衛が「城代」として守っていたのが誤伝されたのだ。ここで3万石の身分となり、従五位下兵部少輔に叙せられた。そして彼は親しい人から〝田兵《たひょう》〟と呼ばれる様になった。さらに数年後、〝小田原落城〟の後、三河、岡崎両城主となり、6万石を領した。この時彼は43才であった。

この頃、家来である宮川は、宮川《みやがわ》土《と》佐《さ》と名乗り、家老で身代は5千石。宮川の紋が面白い！　主人と共に貧しかった時、臼《うす》で米を精米ばかりしていた事を忘れない為に、「臼と杵を紋」にしていたと言われている。

久兵衛は百姓の出には珍しく勇猛な人物であったが、大名となり〝田兵〟と呼ばれる様になった頃から、〝保身の術〟に長《た》けた抜け目のない人物になった。

〝朝鮮の役〟の始まる前、秀次は「秀吉の養子」となり、関白となったが、秀吉に秀頼が生れ、秀次に対する愛が衰えると、秀吉にゴマをすり、秀次とは距離を開ける作戦をとった。

この〝保身の術〟は見事に成功した。秀次は関白になった4年目に文禄4年（1595）〝秀次事件〟が起こり、有名な、子弟、妻、妾三十余人〝皆殺し事件〟で、家臣も主だった者は、皆、謀殺されたのであるが、久兵衛（田中吉政）だけは何のお咎めも無かったのであった。

不思議な事である！

25 小粒ながら戦国武将の意地を見せた肥前の癇馬、筑紫広門

筑紫《つくし》広門《ひろかど》（1556〜1623）、この人物は何ともいえない不思議な魅力のある武将である。「こすからい」という言葉通りの狡猾な人物だが、それでいて何とも憎めない。

「寄らば大樹の陰」という諺があるが、寄るべき大樹を失った小大名の生きざまには、何故か悲しさがまとわりつく。切り取り勝手、力量次第の戦国の世といえ、地政的条件は本人の能力以上に事を決める要因となる。少弐《しょうに》氏、大友氏、島津氏が、長い間分割支配を続けた九州の場合、戦国的風雲児の梟雄《きょうゆう》は、龍造寺《りゅうぞうじ》隆《たか》信《のぶ》（1529〜1584）以外は出ていない。同じ少弐氏に属するとはいえ、龍造寺は家老格の大名にあったのに比べ、筑紫氏は、基肄養父《きいやぶ》郡（肥前）一帯を領有する小大名であった。

しかし筑紫広門の場合、その不利な条件を有利のものに転化するだけの力強さがあり、その生きざまは小気味よい程に果敢である。少弐氏が健在である限りは安泰の筑紫氏だったが、天文5年（1536）、当主の少弐資元《すけもと》（1489〜1536）が大内氏に敗れたのを機に、大勢力の狭間で揺れ動く小大名として生き延びる道を選択せざるをえなくなった。盟主を失った小大名は絶えず勝ち馬に賭け続ける事以外にない。下手に賭ければ文字通り元も子も失せる。負けても最後まで負けなく、ほどほどに戦い最後の余力を残して降伏する。そして捲土重来を期す。この繰り返しが広門の生き残りの戦略の核であった。

広門が生れた翌年の弘治3年（1557）、大友義鎮《よししげ》（宗麟《そうりん》）（1530〜1587）は、毛利氏と通じた広門の父・惟門《これかど》（1531〜1567）と秋月文種《あきづきふみたね》（1512〜1557）を攻める。惟門は居城を追われ、五ヶ山城（福岡県筑紫郡那珂川町）に籠り抵抗するが抗しきれず、海を渡って毛利元就《もうりもとなり》の下に逃れる。広門の生き残りの戦略の原形は、この戦いで惟門の生きざまの中にある。ようするに味方するといっても付かず離れ

ずの距離を保ち、戦うにしてもそこそこで手を引き、玉砕などという道は選ばないのだ。毛利氏に与《くみ》して、負ければ庇護して貰い、その限りでは秋月氏とも手を組み、大友氏に反旗をと思えば、毛利氏後退の後は龍造寺氏と組み、島津氏とも、といった具合に変幻自在である。

この広門が本領を発揮した戦い、すなわち彼のその後を決めた戦いに、「岩屋城《いわやじょう》の戦い」がある。正確にはその前哨戦がある。広門は、天正６年（１５７８）11月「耳川の戦い」で大友氏が島津氏に敗れた隙間を突いて、秋月文種の遺児種実《たねざね》（１５４８〜１５９６）と共に反旗を翻し、翌７年３月に大友氏の勇将高橋紹運《たかはしじょううん》（１５４８〜１５８６）が守る岩屋城（福岡県太宰府市浦城）を攻めた。

天正12年（１５８４）にも攻めるが果たせず、翌13年、紹運が筑後に遠征した隙を突いて本城の宝満山城《ほうまんざんじょう》（福岡県太宰府市大字北谷）を攻め、これを落とし宿願を果した。それでいて翌14年２月には紹運の子・統増《むねます》（のちの立花直次《なおつぐ》）（１５７２〜１６１７）との間に婚姻を成立させ大友氏に付いた。島津氏に付いた秋月種実と袂《たもと》を分ち、大友氏の背後の秀吉《ひでよし》の力に賭けた。

天正14年７月の「岩屋城の戦い」は、島津の北上を止める為の戦闘で、ここで広門は、高橋紹運の前衛を受け持ち島津・秋月・龍造寺連合の包囲網と対峙した。この戦闘での彼の任務は、正面の敵を釘付けにして時間を稼ぐ事だった。島津の大将・島津家久《しまづいえひさ》（１５４７〜１５８７）はこれを見抜き、筑紫広門の嫡男晴門《はるかど》の出城・肥前鷹取城（福岡県直方市永満寺）を攻めた。晴門の戦死を機に、広門は家久に降伏し筑後の大善寺に幽閉される。そして秀吉の侵攻が始まると筑後に走り、軍勢を立て五ヶ山城を奪還し自領を回復した。この戦いの功で、彼は筑後上妻郡《かみつまぐん》の１万８千石を安堵された。岩屋城に籠り、最後まで奮戦し討死した高橋紹運とは対象的生きざまであった。

26 信長を助け、サーファーの様に「波」を乗りきり生き残った、零細大名「朽木氏」

今年のお中元の締めくくりに珍しい物がやって来た。若狭小浜《おばま》の「浜焼さば」。この焼さばの味は天下一品の美味である。鯖街道を通って浜焼のさばは、塩さばと共に京へ来ていた。その途中、山々に囲まれ滋賀県朽木市は「隠れ里」として、室町時代後期には数度にわたって将軍が戦乱の京から逃れて、この地で過ごしている。岩瀬にある興聖寺（滋賀県高島市朽木岩瀬）には十二代将軍足利義晴《あしかがよしはる》（１５１１～１５５０）が3年間滞在した際、管領の細川高国《ほそかわたかくに》（１４８４～１５３１）が将軍を慰める為、作庭した「旧秀隣寺庭園」が今に残されている。

朽木《くつき》氏は、この朽木荘を中心に活躍した武将で、佐々木高綱《ささきたかつな》（１１６０～１２１４）を初祖として、その次男・高島高信の次男・頼綱《よりつな》が高島《たかしま》朽木の祖となり、頼綱の三男・義綱《よしつな》の時に地名をとって「朽木氏」と称した。鎌倉期、弘安10年（１２８７）の事だ。

戦国期に入り、永禄11年（１５６８）に湖北の浅井《あざい》久政《ひさまさ》（１５２４～１５７３）・長政《ながまさ》（１５４５～１５７３）父子が同盟強化の起請文《きしょうもん》を出している。浅井の勢力が湖西に迄及んでいた事を示すもので、その時、千石の領地を長政から貰ったと伝わる。

この2年後の元亀元年（１５７０）4月、織田信長《のぶなが》（１５３４～１５８２）が、越前で朝倉義景《よしかげ》（１５３３～１５７３）と朽木氏と同盟関係のある長政の挟み撃ちに遭って京へ逃げる際、信長の取った退却路は若狭街道だった。元綱は、幕府奉公衆だが、実質的には浅井氏より知行を受け、属す形となっていた関係を重視すれば、ここで朽木城主・朽木元綱《もとつな》（１５４９～１６３２）は一戦を交えても良い状況だった。この時元綱は、甲冑《かっちゅう》姿で将兵を率いて迎えようとした為、信長は「異心あり」と疑った。信長に臣従し同行した松永久《ひさ》秀《ひで》（1510～1577）が乗り込んで、元綱を説得した。その結果元綱は兵を退け、信長を一泊させ、大原辺りまで信長一行を案内した。元亀2年7月5日に信長は、朽木元綱へ使者を派遣し「内存」を報告してきた忠節を賞し、近江国須戸庄の「請米」を安堵し、新知行については磯野員昌に指令した旨を通知している。

天正10年（1582）6月の「本能寺の変」の折は、明智側と、秀吉側の細川藤孝《ふじたか》（1534～1610）から手紙を受け、成り行きを見て秀吉についた時も大きな岐路だった。その後も、際《きわ》どいところで裏切りもありながら時代の流れに乗った。そして、翌年4月の「賤ヶ岳の戦い」、天正12年の「小牧・長久手の戦い」にも参陣。さらに、天正18年（1590）の「小田原攻め」にも参加し、朽木谷城2万石を安堵されたうえ、豊臣姓を下賜され、従五位下河内守に叙された。文禄元年（1592）からの「朝鮮出兵」では、渡航せず肥前名護屋城に駐屯した。

慶長5年（1600）9月の「関ヶ原の戦い」では、西軍大谷吉継《おおたによしつぐ》（1558～1600）の与力としてその配下にあり、合戦では兵6百を率いて西軍として出陣していたが、藤堂高虎《とうどうたかとら》（1556～1630）、京極高知《たかとも》（1572～1622）を通じて東軍に内通。決戦の15日昼過ぎ、裏切りの小早川秀秋《こばやかわひであき》（1577～1602）に続いて吉継の陣に攻め入った。だが合戦後の処遇は良くなかった。戦後、通款《つうかん》を明らかにしなかったとの理由により領地は約9千6百石で藩にならない1万石以下で、元綱は「風当たりが少なくて済む、これでいいのだ」と言ったという。のちに没収分は返還されている。朽木家断絶を避けられた安堵感の方が、大きかったのかもしれない。

元綱はその後、慶長19年（1614）からの「大坂冬の陣、夏の陣」に参戦し、寛永年間に朽木で往生した。

元綱が従った諸将を見ると、初めは六角氏《ろっかくし》その次は浅井氏《あざいし》、そして信長、秀吉、家康と替わっている。評価は分かれるだろうが、元綱の様な小領主は転身が早くなければ、とても戦国の激動期を生き残ることは不可能であり、大谷吉継の様な潔い生き方は出来なかったが、元綱の決断により朽木家は存続した。

その後、朽木家は長男の宣綱《のぶつな》（１５８２～１６６２）が家督を継ぎ、二男の友綱《ともつな》（１５９９～１６６２）は将軍秀忠《ひでただ》（１５７９～１６３２）の御書院番として仕え、三男の稙綱《たねつな》（１６０５～１６６０）は、家光《いえみつ》（１６０４～１６５１）に仕えて可愛がられ若年寄となり、最終的には、常陸国土浦藩3万石に出世した。稙昌《たねまさ》（１６４３～１７１４）時代に、土浦から丹波国福知山城に転封となり、その後も、明治維新まで十三代続いた。

八代藩主昌綱《まさつな》（１７５０～１８０２）は文化人大名だった。18世紀後半、江戸でオランダ語を習得して西洋の科学を学び「蘭学大名」と言われた。杉田玄白《すぎたげんぱく》（１７３３～１８１７）、司馬江漢《しばこうかん》（１７４７～１８１８）、長崎のオランダ商館長ティチング（１７４５～１８１２）らと交友を持つ知識人だった。そして立派な福知山城が残ったのである。

27 フロイスが描く「山崎合戦の高山右近」と戦いの有り様

ジュスト（高山右近）（１５５２～１６１５）が到着すると、キリシタンは皆「蘇生」した様になり、彼らは直ちに「明智の敵」である事を宣言し、大急ぎで城を修築した。この修築を彼は、信長の息子三七殿（織田信孝《のぶたか》）と毛利の征服者である羽柴（秀吉）と共に行ったが、彼等はこの「復讐」に対しては団結しており、双方が集め得る最良の勢力を持って、共に「明智討伐」に臨む覚悟でいた。彼等には、当地方の主要なキリシタンを有する河内と津の国（摂津国）の諸国全ての武将たちが合流したが、「三箇殿（マンショ）」（三箇頼連《さんかよりつぐ》）

だけは、明智が河内国の半領と、兵士たちに分配する黄金を積んだ馬一頭を約束したので、彼の（明智の）側に味方した。」（フロイス日本史にこう書かれている）

そして、羽柴秀吉は、その絶大な権力と毛利の領国を有し、万人に恐れられていたが、表面では信長の三男「三七殿」（織田信孝）を、極めて大切にしていたので、民衆は彼を父の座に置くであろうと思う程であったが、彼の味方とは、およそ縁遠いものであった。

明智は、都から1レーグア（約5．5km）の鳥羽《とば》という地に布陣し、信長の家臣が城主であった「勝龍寺」と称する、都から3レーグア、離れた非常に重要な一城を占拠していた。彼はその辺りに居て、自分の許《もと》に投降して来る者たちを待機すると共に、羽柴の出方も見極めようとしていた。彼（光秀）は用心深く、抜け目の無い勇敢な司令官であったし、その犯した悪行と残酷さは余りにも酷《ひど》く、自らの敗北の原因でもあった。若干の絶好の機会を見失ったので、全ての事が彼にとり、裏目、裏目で出ていたのを、直ちに明瞭に看破した。当時、彼は8千ないし1万の兵を有していただろう。そして津の国（摂津国）の者達が、予期していた様に自分に投降して来ないのを見ると、彼は若干の城を包囲する事を決意して、高槻《たかつき》に接近して行った。

同国の3名の主だった武将達は、羽柴が（もはや）さほど遠くない（所まで戻って来ている）との希望の許に出陣し、軍勢を率い、「山崎」と称される非常に大きく堅固な村落まで進んだ。彼等の互いに結んだ協約では、当時迄「ジュスト右近殿」の大敵であった清兵衛殿（中川清秀）と呼ばれる彼等の中の一人が、軍勢を率いて、山の手を進撃する事になっていた。そして池田（恒興《つねおき》）殿と称する他の一名は、同地方で最大の河川の一つである「淀川」沿いに進撃し、「ジュスト（高山右近）」は村に入り、明智が既に間近に来ている事を知ると、まだ3レーグア以上の後方に居た羽柴に対し、急信を持って、出来うる限り速やかに来着するように（要請した）。一方、少数でありながら、出撃する事を欲し、敵（との一戦）を待てない味方の兵士を彼は抑制していた。

「右近殿」は、羽柴の軍勢が遅延するのを見、自ら赴いて、現下の危険を報告しようとしたが、まさにその時、明智の軍勢が村の門を叩き始めた。そこで右近殿は、この上待つべきでないと考えた。彼は勇敢で大度《たいど》の隊長であり、「デウス」を信頼し、戦闘に於いては大胆であったので、約1000名余の彼の兵と共に門を開き、敵を目指して突撃した。「キリシタン」等は同所で全力を尽くして、実に果敢に戦い、只一人の戦死者を出しただけであるが、彼は明智の身分ある者どもの首を200も討ち取った。その為、彼（明智）の軍勢はたちまち動揺をきたし混乱した。

この最初の衝突が終ると、ジュストと間隔を置いて併進してきた、二人の殿達が到着した。そこで明智方は戦意を喪失し、背を向けて退却し始めたが、敵方が最も勇気を挫《くじ》かれたのは、信長の息子と羽柴が同所から、1レーグア足らずの所に、2万以上の兵を率いて到着している事を知ったことであった。だがこの軍勢は幾多の旅と長い道程、それに強制的に急がされたので疲労困憊していて（予想通りには）到着しなかった。それは「デウス」の摂理によるものであった様である。

「ジュスト右近殿」は以前に、子供の頃から武勲を立て、勇敢さと善良な人柄により、万人からいつも尊敬されていたといえ、「デウス」は特にこの勝利がジュスト右近殿並びに、その兵士達の功に帰せられ、時の天下のあらゆる武将の中で、彼が最大の名望を獲得する事を望み給うた。この勝利は光栄である童貞聖母マリアの訪問の祝日の正午に行われた。そして、これ（戦）は敗北の主因と成したものであり、後日、「三七殿」（織田信孝）は「ジュスト」がキリシタンであった故、かくも鮮やかに明智を敗走さしめたのだと語った程であった。

そして午後の2時には多くの（明智方の）者が合流して、都の街路を通過したが、当時、全ての事が彼等には重々しく、出来る限り身軽になって「生命」を助けようと、途次、武器を捨てて行く始末であったから、そして又、余りにも急いでいる為、槍や鉄砲を携帯していなかった。我々は窓から眺めていたが、彼等は2時間ぶっ通しで通過した様である。ある者は、都の街に入り込もうとしたが、町人達は入口を守る為に武装して戸口に立ったので、彼等は明智の主城である坂本に向けて歩いて行った。しかし泥棒や追剥《おいはぎ》の一味や部落の百姓達が行く手に現われ、乗馬や武器それに衣服を掠奪《りゃくだつ》する為に、勝手に彼等を殺したので多くの者は目的地に到着する事が出来なかった。

聞くところに寄れば、同日午後、明智は戦場から約2レーグア程の所にある「勝龍寺城」に籠っており、間もなく（明智の）全軍が彼の所に来たが、狡猾《こうかつ》な彼は隠居していた。何故なら彼はもはや自分と共に内部に居る者を信用しようとしなかったからである。とは言え、外に居た者は大いに警戒に努め、一晩中発砲し続けたのが「都まで聞こえ」、よく敵を見張る為に、火を焚いた。城中の者が「ジュスト右近殿」その他の武将達と和を講じようと呼びかけた。（右近殿の部下の）戦闘に加わった者も、後から来た者も、何れも疲労しきっていたが、夜中に起きようとするものは無かった。しかし、夜が明けると、直ちに城を空け渡された。明智は夜明けになって、坂本城に向かって歩き、そこで再起するつもりであり、ほとんど独りで進んだが、話によれば、幾分傷ついていた。だが晩までに、そちらに到着しなかったので、付近に身を潜めていた。

翌日になると、掠奪と斬首の勢いが凄まじく、信長の殺された場所へは初回分としただけで、１０００以上の首級がもたらされた。すなわち首級を同所に持参する様にという命令が出されていたからである。それを供えて、信長の葬儀を営むとの指令でなされていたのである。

我等の修道院では窓を開けたままでは居られぬほどであった。一人の殿は、先般戦場に届かなかったので、一刻も早く首級を上げ、信長の殺された場所へ持参しようと焦りの余り、村々に来てその一村で33人を見つけると、その内、30人の首を刎ね、それらを葬儀に供したという。その二日後、一部の司祭は信長の殺された場所を通ったが、人々が縄に吊り下げた供養の為の30以上の首を、まるで羊か犬の首を運搬する様に何の感情も表わさずに持ち歩いているのに出会った。この様にして、それらの数は増していき、短期間に２０００を超えるまでになった。

〝光秀の最期〟。　哀れな明智は隠れ歩きながら、百姓等に多くの金の棒を与えながら、自分を坂本城に連行する様に頼んだとの事である。だが彼等はそれを受納し、刀剣は取り上げてしまいたい欲に駆られ、彼を刺殺し首を刎ねたが、それを「三七殿」に差し出す勇気が無かったので、別の男がそれを彼に差し出した。そして、次の木曜日に、信長名誉の為、「明智の体と首」を、彼が信長を殺しその首の置かれている場所に運んだ。

「デウス」は明智が日本中を撹乱した程の勇気を持ちながら、残酷な反逆を遂げた彼には、12日以上生きながられる事を許し給わず、彼はこの様な惨めな最期を遂げた。しかもかかる際、彼は、異教徒の身分ある者が名誉の為に行う切腹する時間も持ち得ず、貧しく賎《いや》しい百姓の手に掛かり不名誉極まる死に方をしたのである。それのみか「三七殿」は、体を首に合わせた後、裸にして、万人に見せる為に、町外れの往来の激しい一街道で十字架に張り付ける様に命じた。

明智の軍勢が、津の国（摂津国）に於いて惨敗を喫した事が、安土《あづち》に報じられると、彼が同所に置いていた武将達は、たちまち落胆し、安土に放火することも無く、急遽坂本城を退却した。しかし、「デウス」は信長があれほど自慢していた建物の思い出を残さぬ為、敵が許した、その豪華な建物がそのまま建っている事を許し給わず。そのより明らかなお知恵により、付近に居た信長の子、「御本所（信雄《のぶかつ》）」は、普通より知恵が劣っていたので、何らの理由も無く、彼に邸と城を焼き払う事を嘉《よみ》し給うた。城の上部が全て炎に包まれると、彼（信雄）は街にも放火したので、その大部分は焼失してしまった。

安土を去った明智の武将は、坂本城に立て籠もったが、そこに明智の婦女子や、家族、親族が居た。次の火曜日には、同所に羽柴の軍勢が到着したが、既に多数の者は城から逃亡していた。そこで、かの武将達及び他の武将達は、軍勢が接近し「右近殿ジェスト」が最初に入城した者の先発者であるのを見ると、「高山、ここへ参れ、貴殿を金持ちにして進ぜよう」と呼び掛け、多量の黄金を窓から海（湖）に投げ始めた。そしてそれを終えると「貴公達の手に落ちる事無かれ」と言いつつ、最高の塔に立て籠もり、内部に入ったまま、彼等の全ての婦女子を殺害した後、塔に放火し、自分等は切腹した。その時明智の二子が死んだ。非常に上品な子供達で、ヨーロッパの王子を思わせる程であったと言われた長子（明智光慶《みつよし》）は13才であった。

かの8日ないし、10日の間に、津の国から、美濃国に駆けて執行された、武将並びに他の人々の死について述べられぬ程多数である。ある者は敵である理由で殺され、ある者は家財を取る為に、他の者は収入を奪う為に（殺された）。そして数は実に膨大で、我等の一司祭は淀川に沿って来る時に、５００の死体が川下に流れていくのを見たのである。

坂本の、この城を占領する為に、何ら妨害も無かったので、軍勢は直ちに安土に向かい、同所から、美濃と尾張の国に進み、明智に加担したものは、一人残らず命を奪われた。諸説が一致している所では、かの僅かな日々に、既に1万人以上の人が殺されたらしい。

現世のみならず、天に於いても、自らを支配する者はいないと考えていた、信長も、遂には以上の様に無残で哀れな末路を遂げたのであるが、彼は極めて稀にみる優秀な人物であり、非凡な著名な司令官として大いなる賢明さを持って天下を統括した者であった事は否定し得ない。そして傲慢さと過信に於いて彼に劣らぬ者になる事を欲した明智も、自らの素質を忘れた為、不遇で悲しむべき運命を辿る事になった。

高山右近がこの時坂本城を攻めたという邦文献はない。『中川家譜』によれば右近は亀山城を攻めたとある。亀岡の亀山城を右近と中川で攻めたのだ。フロイスは亀山城（京都府亀岡市荒塚町内丸）を坂本城（滋賀県大津市下阪本）と誤ったものと思われる。

28 豊臣秀吉の時代から江戸期迄、同じ領国で続いた珍しい亀井家

豊臣秀吉の時代に因伯《いんはく》（因幡《いなば》と伯耆《ほうき》）に封地を持ち、江戸期もずっと続いた大名は、吉川広家《きっかわひろいえ》と亀井茲矩《これのり》だけである。亀井茲矩（1557〜1612）は出雲の大名尼子氏の家臣であった。没落した主家の再興を計って、山中鹿之助幸盛《ゆきもり》（1545?〜1578）と共に織田信長傘下に入り、宿敵毛利氏に対する合戦に参加した。山中幸盛は主家のことしか頭に無い〝ひた向きな将〟で「阿井の渡し」（岡山県高梁市）で毛利方に謀殺されたが、亀井茲矩は信長の死後も〝秀吉〟、〝家康〟と天下人の側に与《くみ》し、鹿野城《しかのじょう》（鳥取市鹿野町）の城主として、のちには3万8000石を領有した。天正9年（1581）吉川経家が守る鳥取城攻略で戦功を挙げたため、24才の若年で前線の城主を任されたという。また、「本能寺の変」後の秀吉の「中国大返し」の際には後詰めとして鹿野城に残留し、毛利氏への牽制・監視役を果たした。

「亀井の殿様」は、今でも地元で評判が良い。彼が領国に残した治績《ちせき》は少なくないが、まず上げられるのは日光池や湖山池等の干拓と、千代川に沿って20余キロの用水路を開き、新田開発したことである。その他「南方種の稲」の普及、造林、養蚕、製紙、薬草栽培などの奨励、銀山開発、青谷町の夏泊《なつどまり》に今も伝承されている海女《あま》の技術を広めるなどあるが、特筆すべきは三度にわたって東南アジアに朱印船を出していることである。因幡《いなば》の海岸に、羅紗《らしゃ》、緞子《どんす》、オウム、クジャク、水牛など積んだ船がやってきたのだ。特に日本海側の大名が南蛮貿易を行った事例は希少という。

「琉球国を頂戴できれば、これを征服したり」と秀吉に言い、秀吉は金の軍配団扇《うちわ》に「亀井琉球守殿」と認めて与えた。（『寛永諸家系図伝』）。世界に視野を広げた実業家で、スケールの大きい〝明晰〟な殿さまであった。

29 塙団右衛門の首を取った、1万石取りの茶坊主の話―上田宗箇

上田宗箇《うえだそうこ》(重安)(1563～1650)という、茶人か武人か不明の人物がいる。この人は信長時代から大坂の陣の間の時期、諸大名の間では有名だったらしい。山崎の戦いでは戦場で活躍し、大功を立てている。

この人は尾張生れで、はじめ丹羽長秀《にわながひで》(1535～1585)に仕えていたらしい。この宗箇も、秀吉に仕えたのは茶坊主としてではなく旗本として採用された様だ。そして茶に精進し「茶会」などに出入りし、この仕事を通じて諸大名に顔を売った様だ。

慶長5年(1600)「関ヶ原の戦い」の時は大坂城の殿中にいた為、石田三成《いしだみつなり》(1560～1600)に加担必至となり禄を失ったが、幸運にもすぐ浅野幸長《あさのよしなが》(1576～1613)に拾われた。浅野氏は「ねねさん」の養家で秀吉をサポートして重用されたが、三成とは仲が悪く、関ヶ原では「ねねさん」のアドバイスもあり、家康方となり、頑張って紀州37万6千石を与えられた。

家臣増員の需要があり、この時新規採用となった。宗箇室は杉原氏で、豊臣家臣・浅野家とは縁戚であった。給与が1万石という大禄であった。この時、浅野の家臣は主君を笑って「1万石取りの茶坊主をお拾いなさる」とあざけたという。

これには訳があったのだ。外様大名となった浅野幸長は、茶道で各大名と人間関係を持つ。この宗箇を、外交役としてのこの人の顔を買ったのだ。家康に浅野家の使いとして拝謁した時「主水、人体《にんてい》が変わったな」とわざわざ声をかけたという。

この宗箇は、関ヶ原戦いの後、頭を剃って茶人として上田主水から「宗箇」に変わっていたからだという。この宗箇は小男で、背丈は14、5才の子供位しかなく手足も細い.「自分は小さいが鷹である」と豪語していた。

「この茶坊主に1万石とは多過ぎる」とあざける声が、幸長の耳に入り、気にした幸長は「私はその方を頼みにしている」と脇差を与えた。彼は感激し「私は必ずこの脇差に敵の血を塗って御恩報《ごおんほう》を致します」と言ったといわれている。

そして慶長20年（1615）大坂夏の陣。上田宗箇ら浅野長晟《ながあきら》（長政の次男）（1586〜1632）勢が大坂方を迎え撃つべく和歌山を進発した。浅野勢は兵5千、武将7人。大坂方の実数は2千、それも大部分は後方にいる。正面からの決戦は避けていたが、先鋒の塙団《ばんだん》右衛門《えもん》（直之）（1567〜1615）が後方の命令を聞かず少ない手勢で猛進した。「樫井《かしい》の戦い」である。「団右衛門、宗箇の首を討ち取れ」と言われているが他の者だったらしい。彼は真っ先に進み一番槍をつけた。

この団右衛門はユニークな武将で、この時代の武士になく漢詩の嗜《たしな》みがあり、この戦闘の中、浅野勢の槍襖に囲まれながら「待て、待て」と敵を制し、辞世の詩を書き終って討ち取られたという。これは『大坂御陣山口休庵咄』に書かれている。

かたや、上田宗箇は、樫井の戦いの時、敵が迫ってくる中、竹藪に隠れ茶杓を2本作ったという。

2016年大河ドラマ「真田丸」で、地域活性化で観光化しているが、JR阪和線「新家《しんげ》駅」の北方に紀州街道が通っている。この近くに淡輪《たんのわ》六郎兵衛《ろくろうべえ》重政《しげまさ》之墓所という大きい墓碑がある。淡輪は地元の土豪で浅野家の支配に対立していた人で、4月29日、塙の討死を見て突撃して討死した僚友である。そして一町（109メートル）ばかり歩くと団右衛門の墓所がある。墓所の高札には「塙団右衛門の戦死の地は明らかではない。塙を討ち取った士も上田宗箇ともいい、多胡助右衛門、亀田大隅あるいは八木新左衛門など諸説ある」と。

今日も地元のボランティア歴史ガイドのメンバーが熱っぽく観光客に「大坂夏の陣」のこの前哨戦を語っているだろう。

30 有馬・大村同盟の上に乱世を乗り切った、有馬晴信

有馬《ありま》晴信《はるのぶ》（1567～1612）の父義貞《よしさだ》（1521～1577）は、大村純忠《おおむらすみただ》（1533～1587）の兄。したがって晴信と純忠は叔父と甥。純忠の嫡子喜前《よしあき》（1569～1616）とは従兄弟同士の関係にある。

有馬氏は、晴信の祖父晴純《はるずみ》（1483～1566）の代に至って全盛期を迎え、本拠地の高来《たかき》郡の他に藤《ふじ》津《つ》、彼杵《そのき》、杵島《きしま》、松浦の五郡、つまり島原半島のほぼ全域を手中に収めた。この勢力圏を確保するにあたって大村氏と同盟を結ぶ事によって、北からの攻撃に備えようとした。純忠をはじめ晴純は、次男以下4名の男子全てを、他家に養子に出し、この同盟関係の布石にしたのである。

晴信には生れながらに有馬・大村同盟の盟主としての運命が待ち受けていた。兄義純《よしずみ》（1550～1521）が早世した為に4才で家督を相続、後見してくれた父義貞とも9才で死別。受洗したのは、天正7年（1579）12才の時である。翌8年には後に「有馬セミナリヨ」と呼ばれる本格的神学校が日野江城（長崎県南島原市北有馬町戊谷川名）下に開設され、天正10年にはここで学んだ4名の少年がローマ法王に謁見する為にローマに向けて出発している。世にいう「天正遣欧少年使節」である。

祖父晴純が構想した有馬・大村同盟は、戦国の小大名の生活の知恵ともいえる生き残り戦略であるが、その要は対外貿易による経済基盤の確立にあり、具体的にはキリスト教を積極的に受容する事を意味していた。純忠がその先鞭を付けた受洗《じゅせん》は、有馬・大村氏の要であった。元亀2年（1571）晴信が家督を継いだ時、既に有馬氏にはかつての勢力圏はなかった。北から龍造寺氏《りゅうぞうじし》の圧力によって、有馬氏は高来郡の一隅に追い込まれ、龍造寺氏に属する事を余儀なくされ、不本意ながらも臣従を誓わされたのである。晴信の心中には祖父が築いた勢力圏の回復が常にあった。それは生れながらにして盟主としての宿命を背負った彼にとって怨念と

もいえる悲願だった。

晴信の幸運は、その機会が意外に早くやってきた事である。彼は、南九州の勢力圏を収めた島津氏《しまづし》の九州制圧の野望と北九州五州二島を制した龍造寺氏との角逐《かくちく》の中に、悲願達成の機会を得たのである。島津と龍造寺両軍の雌雄を決した、天正12年（1584）3月「沖田畷《おきたなわて》の戦い」で両軍の兵力は島津・有馬連合軍7千に対して、龍造寺軍は3万とも5万ともいわれ数にして5倍以上の兵力の差があった。背後の島津の大兵力が控えているとはいえ晴信にとっては、この戦いは文字通り全てを賭けた決戦だった。頼りにすべき大村純忠は龍造寺に屈し、心ならずも出兵を強いられていたし、人質の息子3人も晴信攻撃の先兵を命じられていた。有馬・大村連合は事実上破壊されていたのである。

この条件下にあった晴信は島津氏との連合に賭け、それに勝った事で有馬・大村連合を回復する事に成功した。この判断と読みは非凡である。龍造寺の台頭はその過半を龍造寺隆信《りゅうぞうじたかのぶ》（1529～1584）の個性に負っていた。叔父の純忠がそうである様に、他の小大名は力ずくで隆信に従わされている、という判断が晴信にはあった。通常、攻城戦には敵の数倍上まわる兵力が必要とされる。他に攻撃軍に耐えうる結束が問われる。龍造寺軍にはそれが無いと見た晴信。案の定、数を頼りにした龍造寺軍は、隆信の討死を機に一気に崩壊した。

こうして龍造寺氏の圧迫を退けた晴信は領内の神社仏閣を破却し、仏僧に改宗か領外退去を迫り、代わって教会を領内に設けた。彼は天正15年（1587）の「キリシタン追放令」の後も領内の宣教師を庇護した。その為、各地から信徒の移住が続き有馬領は「キリシタン文化の中心地」として、その後徳川幕府により日向延岡《ひゅうがのべおか》に移封されるまで続く。晴信は秀吉《ひでよし》（1536～1598）の九州制覇に際し、島津を捨て秀吉に付いた。「関ヶ原の戦い」では状況次第でどちらにでもと、嫡子直純《なおずみ》（1586～1641）を西軍に派遣したが領国は安堵された。

晴信の施策は過激に過ぎた。在地領主が勢力を持つ事をよしとしない徳川幕府は、これを見逃さない。慶長17年（1611）3月、長崎奉行暗殺を企てたとして、晴信は甲斐都留郡《かいつるぐん》に流され切腹を命じられた。かの「岡本大八事件」である。死に臨んだ晴信は、自殺は背教にあたるとして斬首を願い出て従容として刑に服した。

しかし、晴信嫡子・直純（1586～1641）は、15才から親元を離れ、駿府城で徳川家康に側近として仕える、慶長15年、妻マルタ（小西行長の姪）を離縁して家康の養女国姫（実父は本多忠政）と再婚、キリスト教も棄教したなど、家康との縁が深かったために連座を免れ、父の所領を受け継いで肥前日野江藩（島原藩）二代となる。

有馬晴信謫居《たっきょ》跡（山梨県甲州市大和町初鹿野）より、4キロほど上流の栖雲寺《せいうんじ》（甲州市大和町木賊）に晴信の物と伝わる画像がある。胸にロザリオを下げたこの画像は2百年に渡る幕府の詮索の目をくぐって今日まで伝えられた。晴信の理想を自らの理想にした人たちの力である。晴信は、島原の地に理想の小公国の建設を意図し、それは実現可能な彼の唯一の夢であったのだ。

■栖雲寺蔵の寺伝・虚空蔵菩薩像は、これまで有馬晴信の肖像画ではないかといわれていたが、最近ではマニ教の聖人画ではないかといわれている。この絵画がこの地に存在するゆえんについては、有馬晴信が南蛮貿易で手に入れて、イエスへの信仰の対象としてこの配流地まで持参したという説がある。

昭和54年（1979）当時の栖雲寺の話によると、有馬晴信の家臣が遺品としてこの寺に託したとのことで、長く秘仏のままで置かれていたという。

やはりこの仏画は、有馬晴信が斬首されるまで大切に所持していたものであろう。

31 地の利を生かし貿易立国を戦略化―宗義智

対馬《つしま》から釜山《プサン》間、50キロ、対馬から博多間、約120キロ。この距離の差は、航海術が未発達だった時代に於いては大きい。宗義智《そうよしとし》（1568～1615）を藩祖とする対馬藩は、対馬という対外貿易の拠点に依拠する事によって大名として生き残った珍しい例である。宗氏の対馬支配は太宰少弐氏《だざいしょうにし》の命を受け、それまで対馬を支配していた阿比留氏《あびるし》討伐の為入国したのが始まりで、寛元《かんげん》3年（1245）の事である。

それ以来、宗氏は、対馬土着の旧族を駆逐して統治権を確立し、その一方で、自領だった肥前筑紫《ひぜんつくし》からは大内氏との角逐《かくちく》に敗れ、本拠地を移さざるを得ない羽目になった。天正7年（1579）1月、義智12才が家を継いだ時の宗氏は、既に北九州に根拠地を失っていた。土地の狭い対馬の生産性は低い。地の利を生かした対外貿易に活路を求める以外に、宗氏が大名として存続する道は残されていなかった。格式10万石といわれる内実は、大半が、貿易がもたらす収益にあった。朝鮮国と日本の仲介貿易で大きな利益を上げ、良田が無い対馬の島人は、それで生計を立てていたのだ。

宗義智

天正15年（1587）5月、隠居していた養父・義調《よししげ》（1532～1589）が当主として復帰したため、義智は家督を義調に返上することとなった。これは同年に豊臣秀吉（1536～1598）による九州征伐が始まったためであり、秀吉に義智は、義父の義調と共に拝謁して領土を安堵された。その時彼等は、秀吉から朝鮮王国が入朝《にゅうちょう》する様交渉せよと命じられた。それは宗氏にとっては突然の難題だった。

当時の朝鮮は「明《ミン》」を宗王国としており、朝鮮に朝貢《ちょうこう》を迫る事は、背後にある明を相手にしなければならなかったからである。戦国期を脱したばかりの日本は、明と戦うだけの経済基盤がない事は明らかだった。義調はその旨を言上するが秀吉は聞き入れない。仕方なく義調は外交努力を秀吉に誓った。秀吉の気まぐれを恐れて、その構想の非現実性を諫言《かんげん》する幕僚は、一人としていなかった。

秀吉の対朝鮮侵略のトップに任命の小西《こにし》氏もその例外でなかった。宗氏は小西行長《こにしゆきなが》（1555～1600）と外交交渉に着手の直後、天正16年12月、後見役の義調が死亡。20才の彼（義智）に宗氏存亡の大仕事が舞い込んだ。彼の必至の外交努力も、「中華」を誇る明は、秀吉を対等に相手にしない。二度の朝鮮遠征は、宗氏の経済基盤を破壊寸前まで追い込んだ。行長と共に第一軍の最先鋒を担う為、15才から45才迄の農民を皆兵化し、傭兵《ようへい》まで入れて5千の兵を出兵した。この無謀な遠征は秀吉の死で終り、慶長5年（1600）の「関ヶ原の戦い」では西軍に付いた。しかし悪化した朝鮮との国交修復を迅速に進めることを望んでいた徳川家康から、罪には問われず本領安堵され、藩経済の立て直しに全精力を投入した。この時、キリシタン大名宗義智は、正室の小西マリア（?～1605）を離縁している。

義智は、慶長14年（1609）に朝鮮との和平条約を成立させた（己酉約条《きゆうやくじょう》または慶長条約）。この功績を家康から賞され、宗氏は幕府から独立した機関で朝鮮と貿易を行うことも許されている。慶長20年1月に死去した。享年48。激動の時代、近世日朝交流の基礎を造り上げた功績は、朝鮮側からも高く評価され、死後、法《ほう》名《みょう》で宗家の菩提寺とされた万松院《ばんしょういん》に図書（銅印）が贈られ、使船派遣が許されたという。

32 大坂方武将、大野治長

大野治長（１５６９～１６１５）は、永禄12年、京都に生まれる。父は大野定長。兄弟に、治房・治胤・治純、子は大野治徳、治安（弥十郎）ほか。丹後国中郡口大野が名字の地という。同地大野神社は大野氏の居館跡とされ〝関が原合戦〟の頃迄一族が住していたと伝えられる。大野氏といえば「大坂の陣」で秀頼の側近であった。修理大夫《しゅりだいふ》治長《はるなが》ということになるが治長の父も修理大夫と名乗っていたと伝える以外、大野氏の系譜について殆ど伝えるところがない。治長自身についても有名なわりに秀吉時代のことはよく分かっていない。秀吉の側室・淀殿の乳母《うば》である大蔵卿局《おおくらきょうのつぼね》の子にあたる関係から、秀吉に約３０００石の馬廻衆として取り立てられた。天正17年（１５８９年）には、和泉国佐野と丹後国大野で併せて１万石の大名となっている。天正19年（１５９１）に秀吉が三河吉良《きら》で狩猟を行った際には治長も従っている。文禄３年（１５９４年）の伏見城の普請に携わっている。慶長４年（１５９９）正月には秀頼公に伺候。この年10月、徳川家康に刺客を放った容疑で下野国結城《ゆうき》に追放された。翌慶長５年（１６００）９月の「関ヶ原の戦い」で東軍に参戦し武功を上げた事で罪を許され、戦後は家康の命で「豊臣家への敵意なし」という家康の書簡をもって、豊臣家への使者を務めた後、江戸に戻らずそのまま大坂に残った。

慶長19年（１６１４）６月、片桐且元《かつもと》の弟である片桐貞隆と共に、家康の口添えで５０００石を秀頼より加増され、その礼として貞隆と駿府にいる大御所・家康、次いで江戸の将軍・徳川秀忠を訪ねる。そして、慶長19年（１６１４）豊臣氏の家老であった片桐且元が追放されると、秀頼側近として諸事を奉行、豊臣家を主導する立場となる。その後、豊臣家内部では主戦派が主流となり、各地から浪人を召抱えて同年10月「大坂冬の陣」に至る。慶長20年（１６１５）大坂夏の陣では、真田信繁（幸村）、後藤又兵衛（基次）の迎撃説を抑え、大坂城籠城を主張し穏健派として成功した。戦況不利な中、将軍秀忠の娘で秀頼の正室であった千姫を使者とし、己の切腹を条件に秀頼母子の助命を願うがかなわず、秀頼と共に大坂城の山里曲輪《くるわ》で自害した。「大野修理沙汰して最後に切腹なり。手前の覚悟比類なし」（『春日社司祐範記』）と賞賛さえ贈られた。享年47。治長の弟、主戦派治房《はるふさ》（?～1615?）は、豊臣国松を連れて豊臣家の再興を図るが捕えられて斬首とも、西国へ逃亡ともいう。同治胤《はるたね》（道犬斎）（?～1615）も、大坂落城の際逃亡、まもなく京都方広寺《ほうこうじ》の近くで捕らえられ、堺に送られ火炙り処刑され、御家は断絶した。

33 春日局、おふくの夫〃稲葉正成〃の話

稲葉良通《よしみち》（一鉄）の庶長子、重通《しげみち》（?～1598）は、娘を林政秀に嫁がせた。両家は領地が隣り合わせで合戦が絶えなかったが、その内に和睦が成り、その〃あかし〃に結婚が成立した。政略結婚劇である。稲葉重通の息子は早死（討死）にし、もう一人は酒色に溺れ駄目になり、後継ぎが滅失。仕方なく、嫁いでいた娘が林家から〃子を連れて戻った〃。実家に帰った再婚相手が、先夫・政行の兄弟と云われる稲葉正成《まさなり》（重通の養子）（1571～1628）で、その間に子を設けたが早死にした。そこで、その後添えとして〃おふく〃（1579～1643）が重通の養女として入った。おふくは大変であった。〃義姉の連れ子〃と〃夫と義姉の子〃、更に〃自分の子〃も生まれ、家庭は複雑。そこへ、〃夫に妾〃がいて、そこにも〃男の子〃が居た。この家庭はパニック状態であったろう。それに夫、正成は浪人中であった。そして妾を別宅に住まわせている。これを知った〃おふく〃は、「外に囲わないで、一緒に住もう」とすすめて、子供共々引き取り、その妾を斬

稲葉正成

り殺して出奔《しゅっぽん》したというのが通説である。

この稲葉正成の生まれは元亀《げんき》2年（1571）、戦国の真っ只中に育った。信長の横死は天正10年（1582）。正成は少年時代、乱世の厳しさを見ていた。そして彼は、秀吉の家来となる。そしてその策士振りを認められ「小早川秀秋の家老」になれと至難の役を命じられた。5万石の高給であった。しかし、稲葉正成が仕えて見てみると、小早川秀秋（1582～1602）という男が、問題の人物であると分かった。彼はねね（秀吉夫人）の実の甥。一時は〃ねね〃の養子として、秀吉の跡取りとされ〃中納言〃に出世していたが、淀殿が、秀吉の子を産んだので外されて、毛利一族の小早川隆景の養子に押し付けられ地方へ（筑前国名島城へ）。この不満が〃朝鮮の役〃で暴発し、これで秀吉に〃たたかれ〃33万石から越前北ノ庄12万石へ減俸された。秀吉は、30才前の正成をこの秀秋に付けた。そして正成がその才を発揮するのは、秀吉死後の「関ヶ原の戦い」の時である。秀秋の裏切りは有名である。これも正成の活躍としているが、この裏切りの黒幕は「ねね」（高台院《こうだいいん》）（1547?～1624）である。秀吉死後、大坂城を淀殿（茶々）にとられ、京都で不満一杯で暮らしていた〃ねね〃は、不満だらけの秀秋と打ち合せ、寝返りを計画をした。これが皮肉にも豊臣家崩壊のきっかけとなってしまった。勘の鋭い正成は秀秋に諫言したが入れられず対立し、家族共々美濃へ隠退した。家康の天下をにらんでの事であった。その後、正成は召し出され、とんとん拍子の出世の道を歩んだ。これは〝おふく〟のお蔭で、〝おふく〟は夫婦の話し合いで、正成と離婚し乳母となり、正成の就職運動をしたのだろう。妾殺しも作り話ではないか？〝おふく〟は乳母募集の情報を聞き、夫の再就職先と自分の出世を目標に京都へ出たのではないか。そしてそれが成功し、後の世迄、名を残した。さすがは明智の知将、斎藤利三《としみつ》の娘であった。

34 （江戸期の大名）「本多正純」居ない間に取りつぶし

元和《げんな》5年（1619）10月、本多正純《まさずみ》（下野国《しもつけのくに》小山《おやま》藩5万3千石）（1565～1637）は10余万石加増され、宇都宮15万5千石の城主として赴任したが、出羽国《でわのくに》山形城主・最上義俊《もがみよしとし》改易のため「城請取り」に出張中、取りつぶされてしまった。元和8年（1622）10月の事である。父・本多正信（1538～1616）と共に台閣《だいかく》に立ち、権勢並ぶ者無き徳川幕府創業の功臣が突然、改易されたことから、後世、「宇都宮釣天井事件」の伝説を生じた。正純は、城修築の願い出があった場合、これを認可する上級官僚だったが、それ故に手続きを怠って〝宇都宮城を修理〟したのは失敗だった。弟の下野国榎本城（栃木市大平町榎本）主・本多忠純《ただずみ》（1586～1632）も、兄に連座するのを恐れたが〝幸いにこれを免れた〟。しかし性格が短慮で、家来の少しの過失があっただけで手討ちにしたため、寛永8年（1631）12月13日、江戸より榎本に帰る途中、栗橋の駅で家来に刺し殺された。

下野国《しもつけのくに》には、天下の五街道のうち、日光街道、奥州街道と準官道である例幣師《れいへいし》街道が、中山道《なかせんどう》の上野国倉加野から分岐して日光に通じている。この他、日光道、壬生通り、会津西街道はじめとする色々な道路が整備され、河川や水道の便も進められた。これにより江戸や上方の文化が伝わり、商易経済も進んだが、奢侈贅沢《しゃしぜいたく》が増大し、領主の出費も嵩《かさ》むことになった。そして度々〝農民一揆〟が起こるのである。

これとよく似た事件がある。寛永9年（1632）正月、秀忠が死んで半年も経たない時、〝奇妙な噂〟が江戸に流れた。「土井利勝《としかつ》が、駿府大納言忠長《ただなが》を担いで謀反を企てているそうな、新将軍家光公が日光に参拝する時を狙って命を奪う計画で、すでに廻状がまわさされ〝利勝〟は諸大名に同意を求めている」。かと思うと「いや密謀はすでに将軍家に伝わった。将軍家は日光参拝の折〝古河と今市の間〟で、土井を討つ御計画である。」これを承った大名から起請文《きしょうもん》が出されている。これは一大事だ。ところがこの結果はなんとも珍妙なものだった。土井利勝（1573〜1644）がわざと廻状をまわして諸大名の忠誠度を試したというのだった。大名たちのほとんどはこれを幕府に提出して二心のないことを誓ったのだが、肥後の加藤忠広（1601〜1653）だけは提出せず、息子の光広（1614〜1633）と共に改易処分となった。「加藤清正」の子、つまり豊臣の関係深い大名のつぶしの手口で、これは加藤つぶしの計略だったのではなかろうか！　考えてみると駿府大納言忠長（家光の弟）（1606〜1634）の乳母は、土井正勝の妹であることを！

35 （江戸期の大名）江戸時代、唯一人の女大名―八戸《はちのへ》南部《なんぶ》氏の清心尼

江戸時代、女性大名は全国に一人しかいなかった。八戸南部氏の城主南部称々《ねね》（清心尼《せいしんに》）（1585〜1644）である。当主だった若き夫と幼い男児を相次いで失い、慶長19年（1614）自ら、二十一代当主

の座に就いた。その後、理不尽な国替えを命じられるが、その困難を乗り越えた。盛岡藩の支配を上手く躱《かわ》しながら戦を避け、遠野《とおの》南部氏の基礎を築いた。

盛岡藩から八戸を捨てて遠野に国替えするように命じられた。その時家臣たちは先祖伝来の八戸を離れ難く、その仕打ちに「武士らしく戦いをするしかない」と叫んだのであったが、女性ながら男性主力の家臣団を説得した。そして八戸から遠野に平和的に移らせた。そして遠野南部藩は明治期まで取り潰されず生き延びたのであった。今でも遠野へ行くと、この清心尼のことが語り残されている。慶長期にも「大津波」があり、この困難も乗り越え、その後伊達藩との金山による対立事件も、ねばり強く交渉し、15年かけて交渉により平和的に解決した。こんな筋金入りの平和主義の女城主が東北に居たのだ。東北災害から6年になる今、慶長大災害を乗り越え、国替えで内陸地へ移って、強く内政を行った女性。

現在も岩手県遠野市の「さくらまつり」では八戸から国替えの様子を再現した行列が行われている。

36 （江戸期の大名）肥後熊本藩第二代藩主・加藤忠広、改易の謎

慶長16年（1611）6月、加藤清正《かとうきよまさ》（1562〜1611）の没後、跡を継いだ三男・加藤忠広《ただひろ》（1601〜1653）。江戸幕府は、11才の若年であったため、彼を補佐する家老職を設け、並河金右衛門、下川又左衛門、加藤与左衛門、加藤右馬允、加藤美作の五人を任じた。そして、藤堂高虎が監察役となった。2年程すると、家老内に勢力争いが起こり、家康の元に訴状が出された。さらに、藤堂高虎に替えて、幕臣の阿倍正之《あべまさゆき》（1584〜1651）と朝比奈正重《あさひなまさしげ》が目付役になった。

加藤家は秀吉恩顧の家柄である。清正は「関ヶ原の戦い」では家康方に付いたが豊臣家への忠誠心は保っていたので、家臣の中には大坂方に心理的に与《く》みする者もいた。慶長19年（１６１４）「大坂冬の陣」で、忠広は幕命を得て途中まで出陣したが、翌年の「夏の陣」では出陣命令が来なかった。家老の加藤美作《みまさか》と玉目丹波《たまめたんば》らが、大坂方に内通し反逆を企てているとの噂が立った為であろうと思われる。

藩内では加藤美作守正次一派と加藤右馬允正方《うまのじょうまさかた》一派が対立しており、抗争は激化し元和《げんな》４年（１６１８）に火を吹いた。５月に右馬允派の下津棒庵《しもづぼうあん》（１５７０～１６３１）が江戸に出て、美作派の謀反を幕府に訴えた。これに対し美作派もすぐに反論書を出し、棒庵、下川又左衛門らの私曲《しきょく》を暴露し、無断出国の事情を訴えた。幕府は酒井忠世《さかいただよ》（１５７２～１６３６）の邸に、両派を呼び出し阿倍、朝比奈の両目付役列席のもとに審判を行ったが、互いに譲らず紛糾した。いずれとも決しかねたので、将軍の直決に委《ゆだ》ね、元和４年（１６１８）８月10日、徳川秀忠《ひでただ》（１５７９～１６３２）は、江戸城に忠広をはじめ両派を呼んで訴えを聞いた。美作一派は「大坂の陣に際し大船を造って兵糧及び援軍を送ろうと、忠広出陣の留守を狙って国元で大坂援護の挙兵計画を行った」との訴えに申し開きが出来ず、裁決は下った。

翌日の裁定は、加藤美作守正次派が流罪等、勝訴の加藤右馬允正方派と加藤忠広が許される。牛方の加藤正次は越後村上、中川周防は信州諏訪、玉目丹波は会津に配流《はいる》される。

この騒動「牛方馬方騒動《うしかたうまかたそうどう》」も、或いは幕府に「加藤家取りつぶし」の口実を与える遠因の一つとなったようだ。家光の代に、弟の徳川忠長《ただなが》（１６０６～１６３３）は、トラブルがあり切腹。この忠長と加藤忠広は親しかった。

寛永９年（１６３２）１月、忠長を将軍にしようという「偽手紙事件」が発生。この嫌疑が忠広に向けられ、幕府から忠広に出府命令が届き、５月、品川宿迄来ると、幕府は「池上本門寺にて待て」と命じ、領地没収「出羽《でわ》への改易」を伝えた。嫡子・加藤光正《みつまさ》（１６１４～１６３３）に不届きな行為ありと、忠広が江戸から母子を無断で帰国させた事が挙げられたが、具体的な罪状はよく分からないといってよかった。忠広は、出羽庄内藩主・酒井忠勝（1594〜1647）に預けられ1万石が与えられた。松江城（八代城）城代家老・加藤右馬允正方《まさかた》は、主家の改易に伴って京都の本国寺に隠棲、「片岡風庵」を名乗る。かつての家臣である西山宗因（1605〜1682）と連歌をたしなんで「両吟千句《りょうぎんせんく》」などを著作した。

37（江戸期の大名）異色大名小伝・松平定政―乞食になった殿様―乞食姿で政道批判した大名が居た

父・松平定勝《さだかつ》（家康の異父弟）（1560〜1624）には子供が多かったので、その六男に生まれた松平定政《さだまさ》（1610〜1673）は、若い時には余り恵まれていなかった。これが、あるいは後年の奇矯《ききょう》な振舞いにつながったのかも知れない。しかし、彼に運が向いてきた。三代将軍家光の小姓となり、可愛がられるようになった。慶安《けいあん》2年（1649）には大名の仲間入りとして、〝2万石〟ながら〝刈谷の城主〟として出世した。ところが同4年（1651）4月、三代将軍家光（1604〜1651）が死ぬと、無届で東叡山寛永寺で遁世落髪し坊主になって「能登入道不白」と号して、領地から自宅迄幕府に返上すると言い出したのである。お世話になった家光に殉ずるという忠誠心からである。このお蔭で家臣は失業に追いこまれ家族は大変困った。それに懲りずに彼は「ズタ袋」を下げて「入道に物を恵んで下され」と、江戸の町中を物乞いして歩いた。その上、当時の幕閣の施政を批判し〝旗本武士〟の窮状を訴える上書も差し出したりした。結局彼は、家光に愛されたのに殉死をしなかった。老中松平信綱《のぶつな》（1596〜1662）への憎しみをこんな形で攻めたのだった。幕府はこれに対し弾圧し、彼を捕えて本家筋の次兄、伊予松山の松平定行《さだゆき》（１５８７～１６６８）に預けた。定行の所領松山東野《ひがしの》へは長男の定知（１６４５～１７０８）と次男の定清も共に送られた。また、二人の女子は、正室と共に実家の永井家に返されている。同年、四代将軍家綱《いえつな》（１６４１～１６８０）より給米２０００俵を賜り、暮らしには困らなかった。松山では三男の定澄が生まれている。寛文12年（１６７２）11月24日、東野で没した。享年63。

こんな大名は、おそらく江戸時代只一人であったであろう。

戦国の女たち

38 龍造寺領国形成の核となった、龍造寺隆信の母・慶誾（鍋島清房の女房）

九州の武将の妻に面白い女性がいた。押しかけ女房で再婚の彼女はすごい！　龍造寺隆信（１５２９～１５８４）の母は、慶誾《けいぎん》（１５０９～１６００）といい、達眼《たつがん》（物事の深奥を見通す鋭い眼力）の人であった。夫は隆信の父、つまり龍造寺周家《ちかいえ》（１５０４～１５４５）であるが、天文14年、不慮の事故で夫は死亡、夫を失って以来寡婦《かふ》となっていた。弘治《こうじ》２年（１５５６）には48才になっていたが、この年、自ら押しかけて、これも夫人を亡くして一人身でいた鍋島清房《きよふさ》（１５１３～?・）の女房となった。

『普聞集《ふぶんしゅう》』によれば、その理由を慶誾は「今は乱世であり、これを切り開いて行くには人物を得る以外にはない。現今、一族、他家の人物を見るに鍋島信生《のぶお》（直茂《なおしげ》）（1538～1618）にすぎる人物はいない。信生と隆信を兄弟の絆で結ぶことで、きっと家を起こすことができよう。」と考えていた。直茂は勇武と聡明《そうめい》に加えて、隆信は直茂に不足する慈愛《じあい》の心を持つ武将であった。隆信は、直茂に不足する宏量大度《こうりょうたいど》な性格があった。二人はもともと従弟同士であったが、慶誾の鍋島清房への再婚により義理の兄弟となり、以後彼女の目論みどおり、一心同体的絆を深め、このことが龍造寺領国形成の核となっていった。

そんな慶誾も、時としては息子隆信と意見の衝突をきたすこともあったらしく、ある時、隆信のもとを飛び出して弟の長信《ながのぶ》（1538～1613）のもとへ走った。隆信から長信宛の手紙に「こゝもとは見かぎられ候にて罷《まか》り登られ候間、夏中の儀はそのもとにて随分ふるまいを申さるべく候、間申すことにて候、我らどもは子のうちとは申されず候、おかしく候……」とある。同じ子でもそなたは孝行者、母上は俺など子のうちとは言われないと言っている。隆信はユーモアのある人物であったようだ。

ちなみに慶誾は長命であった。隆信が没して更に16年を生き、慶長5年（1600）92才で没した。

天正12年（1584）隆信が陣没してから3年後、豊臣秀吉が九州入りした。慶誾が安国寺《あんこくじ》恵瓊《えけい》を通じて秀吉に手紙を送った。秀吉から手紙が来た。「こんど島津御せいばい（成敗）として御どう座なされ候。島津一類からべ（頭）をはねられ見せられ、いよいようっぷんはらされ候べく候」。隆信のかたきである島津一類の頭をはねるから、その時積年のうっぷんをはらせという。時に慶誾89才、息子隆信の陣没の恨みを抱いて齢を重ねていた。

慶誾は軍事評定の席にも出てこんな発言をした。「皆、敵の猛勢に気を呑まれて猫の前の〝ねずみ〟ではないか。直茂の言う通り有無をいわず、敵陣に切り込み死ぬか生きるか、いずれかを選ばれよ」と激励した。隆信は夜襲を決断し、その夜、佐賀勢の運命をかけた攻撃が決行された。「今山合戦《いまやまかっせん》」である。乾坤一擲《けんこんいってき》の勝負はまさに伸《の》るか反《そ》るか。織田信長の「桶狭間の戦い」に比べることができる、大いくさであった。

この今山の軍議の主導権をとった女武将が九州にも居たのだ。この今山合戦とは元亀《げんき》元年（１５７０）６万余の大軍が肥前《ひぜん》に進出し、佐嘉城《さがじょう》はまさに落城の危機に瀕していた。この時、鍋島直茂は、敢然《かんぜん》と夜襲をかけることを主張し、わずか７００の手勢で今山の大友八郎親貞《ちかさだ》の本陣に夜襲を敢行し、親貞を討ち取ると共に大友勢を敗走させ、佐嘉城の危機を救ったのであった。

鍋島氏は「田手畷《たでなわ》」「今山」と二度にわたって龍造寺の存亡の危機を救った。当時33才の鍋島直茂は、この今山合戦の勝利によって龍造寺家中において確固たる地位を築いたのである。龍造寺隆信は、今山合戦の勝利を契機として大友氏の勢力圏であった筑前《ちくぜん》・筑後《ちくご》・肥後《ひご》を次々と蚕食《さんしょく》し、ついに薩摩の勢力圏と境を接するようになったのである。鍋島直茂は、筑後・肥後の押えとして筑後酒見城《さかみ》（福岡県大川市大字酒見字上城内）に入った。

天正12年（１５８４）３月、龍造寺隆信は、島原の有馬晴信《ありまはるのぶ》討伐の兵をあげた。島津氏も晴信救援のため島津家久《いえひさ》に３０００の兵を授け肥前へ赴かせた。鍋島直茂は、はやりにはやる隆信に「島津は戦巧者、猪突《ちょとつ》は、すべきでありません。私が先陣し敵状を確かめますので、その後にご出馬されたい」と進言したが、隆信は「たかが家久、晴信を討つのにそのような用心は無用」と一笑に付し出陣した。こゝに、史上名高い「沖田畷の合戦」が戦われた。直茂が懸念した通り龍造寺隆信は、家久の巧妙なる「釣野伏《つりのぶせ》の計」にかかり、戦場の露と消えたのであった。名将直茂の佐賀藩の基礎を作ったのであるが、その後に、女参謀の慶誾がいたのだ！

39 織田信長にだまされ処刑された、女城主・おつやの方

井伊直虎《いいなおとら》と同じ地方で信玄と信長の戦国の戦いが行われていた。信長の叔母の女城主がいた。この悲劇の女性は「おつやの方」(?~1575)。織田一族の居城は小牧、犬山などにいくつかあったが岐阜県恵那《えな》市に、今も立派な城壁が残っている岩村城があった。この城は鉄壁の守りを誇る山城で、戦国時代、武田信玄と織田信長の間で争奪戦が繰り広げられていた城であった。

甲斐への入口として注目した信長は、城主の遠山景任《とおやまかげとう》(?~1572)と同盟を結ぶため自分の叔母である「おつやの方」を嫁がせた。信長の叔母であるが、年齢は信長と同じ位であって絶世の美女といわれている。織田家は、信長の妹の悲劇の主人公、「お市」も絶世の美女と云われ美人の出る家系なのである。今でも地元では「おつやの方」は有名で、「女城主」という日本酒もあり、地元では非常に人気があるようである。しかしこの女性「おつやの方」の人生は、非常に残酷であった。結婚生活も、夫は早くに病死(元亀3年(1572)8月14日)し、子供がいなかったので、彼女は信長の幼い五男(御坊丸、のちの織田源三郎信房、織田勝長)(1568?~1582)を養嗣子にして、自ら城主となり、信長は多くの軍勢を岩村城に送り込んだのであった。しかしその後、武田軍が、西進、南下し、岩村城は武田方に奪われてしまった。11月14日のことである。

「おつやの方」は領民や家臣を守るために、新城主となった信玄の部下、秋山虎繁《とらしげ》(1527~1575)と再婚した。12月22日、織田方徳川家康が、「浜松三方ヶ原合戦」に敗北、命からがら浜松城に逃げ帰る。その時不幸にも、元亀4年(1573)4月12日、信玄は死を迎えた。

信長は、その後長篠《ながしの》で武田勝頼を破ると岩村城を攻め包囲し、赦免すると条件で開城させ投降した自分の一族である「おつやの方」を、虎繁と共に「逆《さか》さ磔《はり》」というむごい仕方で処刑した。天正3年(1575)11月

21日の事である。その時「おつやの方」は泣き悲しみ「我れ女の弱さの為にかくなりしも、現在の叔母をかかる非道の処置をなすは必ずや因果の報いを受けん」と絶叫して死んでいった。信長はその予言通り本能寺で死に追い込まれた。当時女性は人質になるために結婚するという異状なものであった。この時代、信長の妹「お市の方」その娘の「淀の方」も、城ごと落ちて自害。信長の妻で齋藤道三《どうさん》の娘・濃姫《のうひめ》も「夫でも裏切る」という気概《きがい》で嫁いだといわれている。こゝには、女城主として城と家来を守り、井伊直虎とは反対の悲劇の道を歩むことになった女城主の物語が残っている。

この岩村城は、江戸時代は松平家の居城となり幕末まで続いたが、明治政府の廃城令で明治6年（１８７３）に解体された。そして、この悲劇の話と石垣のみが残った。

平成18年（２００６）、「日本１００名城」に選ばれ、「おつやの方」は、お酒「女城主」（岩村酒造）として、地元では有名な存在で非常に人気銘柄の日本酒となっている。

信長の弟の一人、織田有楽斎如庵《うらくさいじょあん》の子孫・織田裕美子さんのお話しである。

40 悲劇の主人公、築山御前とはどんな人だったのか？

築山御前《つきやまごぜん》（１５４２？～１５７９）は今川義元の姪で、今川家臣関口親永《ちかひさ》（１５１８～１５６２）の娘、瀬名姫《せなひめ》。松平元康（後の家康）（１５４３～１６１６）が人質で今川家駿府に居た時、結婚した。

山岡荘八《そうはち》の名作『徳川家康』から築山御前を読んで見ることにしよう。「桶狭間の戦い」は、永禄3年（１５６０）5月の事であった。

『桶狭間の今川義元の悲報は駿府にも届いた。空つゆのまゝ、猛暑に入ろうとする駿府城の義元の館では、留守居の氏真《うじざね》が苦りきった表情で肩肘を脇息《きょうそく》にもたせて中啓《ちゅうけい》（扇の一種）を動かしていた。その前に在府諸将の奥方たちが、額に滲《にじ》み出る汗を拭《ぬぐ》うのも忘れて居並んでいる。来る注進も来る注進も、惨憺《さんたん》たる敗報であった。山田新右衛門《しんうえもん》も戦死したし、瀬名（築山御前）と恋を争って嫁いでいった、〝亀姫《かめひめ》〟の良人《おっと》・飯尾豊前《いいおぶぜん》も戦死と報じられた。義元の叔父にあたる（曳馬野城主《ひくまのじょうしゅ》）。蒲原氏政《かんばらうじまさ》も討たれたし、甥の久能氏忠《くのううじただ》も死んだ。一時は女たちの憧れの的だった駿河の旗頭《はたがしら》の三浦左馬之助《さまのすけ》も討たれ、武蔵守浅井小四郎、岡部甲斐、朝比奈秀《ひで》栓《あき》と、続々戦死が報じられて来る。

瀬名はその名の中に、いつ良人、元康《もとやす》（後の家康）の名が出てくるかと、そのたびに息をつめた。ただ一つ氏真をほっとさせた知らせは、岡部五郎兵衛正信《まさのぶ》だけが、〝鳴海の城〟を守って降らず、最後まで信長に戦いを仕掛けていって、ついに父の首級《しゅきゅう》を貰い受けたということだった。今日すでに届いた知らせによると、名ある武将の討たれた者、５５６名、雑兵《ざっぴょう》は約２５００名余りであった。しかしそれて報告が終わったのではない。まだ次々に来つつある。祐筆《ゆうひつ》が新しい注進によって戦死者の名を書きとめると、そのたびに寡婦となった女たちはうなだれて汗と涙をかみしめる。

（なぜこのようなところに皆を集めておくのだろうか?）。瀬名は良人の戦死の分かった者は、それぞれ我家に帰して香華《こうげ》を手向《たむ》けさせるのが情を知るものと思うのだが、氏真は、それを許さなかった。あまり多くの将士が討たれ過ぎている。「安否を聞かせる由、やってこい」。そう言って集めた女たちを、そのまま城内に人質として置かなければ、反乱の恐れがありそうで不安なのだ。午（十二時）になると氏真は「水を浴びて来よう」、ぽつりとつぶやいて席を立った。そして傍《そば》の瀬名にはじめて気付いたように「鶴……可哀そうなことをしたな」と声をかけた。「可哀そうと仰せられるは」「元康を討たせて。しかし家名は立てゝやる。案ずるな。」「え‼」

瀬名は我が耳を疑った。「我が殿も討たれましたか」「うん討たれた」氏真はかすれた声で言い、瀬名は飛びつくように祐筆の机に近づいた。「松平蔵人元康討死とご記入ありましょうか」「まだ見当たりませぬが」瀬名は思わず笑いそうになった。氏真はあまりに多く討たれたので混乱を起こしている。ほっとして席に戻ると「鶴さま」すでに良人の死を知らされた飯尾豊前の妻の吉良御前《きらごぜん》、以前の亀姫が、目を赤くして寄ってきた。』

山岡氏は駿河に居た女性たちを、非常に巧みに描き上げておられる。この時、家康と恋仲であった吉良御前の夫、浜松曳馬野城主・飯尾豊前守も戦死した。山岡氏の設定では、吉良御前は、吉良義安の娘で家康の初恋の人として登場している。

ちなみに、昭和58年（1983）に発行された『浜松凧・屋台：凧の生みの親椿姫観音』という本の「椿姫観音由来記」によると、お田鶴《たづ》の方は鵜殿長持《うどのながもち》の娘で、築山御前とは母同士が義理の姉妹であり、幼名は亀姫であったという。

話を戻す。桶狭間では、井伊直虎の親族も多く戦死した。そして「直虎という女領主」が井伊谷に出現した。

駿府には石川数正《かずまさ》が策略に動き、瀬名は、西郡《にしごおり》の城に鵜殿長照《うどのながてる》を攻めたのは、自分や竹千代の生命を救おうとして考えぬいた元康（家康）の策略であったと思った。この策略は、氏真を反省させるに足りるものであった。氏真にとって一族であり功臣である鵜殿長照の二子《にし》、長七郎（氏長）と藤四郎（氏次）とは、瀬名母子と引き替えても助けなければならないと思える人と思える。そして石川数正の奮闘努力で、人質交換交渉は成立した。そして瀬名母子は、無事に岡崎城に入った。そして城の北の築山に新しい御殿が作られた。瀬名は今この御殿の名をそのまゝに、「築山御前」と呼ばれるようになったのである。

41 立花道雪の娘―立花誾千代

誾千代《ぎんちよ》は、雷の化身とされた立花道雪《たちばなどうせつ》（1513～1585）が父である。道雪とは、どんな人物なのか。落ち目の大友氏に仕えて、見捨てる事もなく、九州制覇を目指して北進して来る、島津氏の前に立ちはだかって、その71年の生涯のほとんどを戦野で過ごした道雪は、合戦には最も不向きな、下半身不随の病者であった。歩行もかなわなかった道雪は、やむなく家臣に駕籠を担がせて戦闘の指揮をとり、三十七度の合戦で一度も遅れを取ることが無かった。まさに異色の武将という他はない。

道雪は若い頃、雷に打たれた怪我で歩行困難となった。夏のある日、大樹の下で俄雨《にわかあめ》を避けていた道雪は、突然、落雷に見舞われた。ところが道雪は稲妻を浴びると、とっさに〝千鳥《ちどり》〟といわれた愛刀で雷神とおぼしきものに斬りつけた。そのため半身不随になりはしたものの、一命だけは取り留めることができた。そこで道雪は、その刀を「雷切《らいきり》」と名付けて、生涯、身に着けて離さなかった。家臣たちは、道雪を雷の化身として畏《おそ》れ敬《うやま》ったと云い、いかなる不利な戦闘でも道雪を戦場に置き去りにすることはなく、勇敢に道雪の下知《げち》に従った。戦場に臨んだ道雪の口からは、ただ前進あるのみで、如何なる苦戦に際しても後退は許さなかった。

「道雪」は、剃髪《ていはつ》してからの号で、姓の「立花」も初めからのものではなく、最初は戸次鑑連《べっきあきつら》と称した。その為、史上に現れるのは、その名の方がはるかに多い。永禄5年（1562）5月、主君大友義鎮《おおともよししげ》（1530～1587）が剃髪して「宗麟《そうりん》」と号したので彼もそれにならって入道し、「道雪」と称した。幼名は八幡丸《はちまんまる》、成長につれて次第に、驍名《ぎょうめい》（強く勇ましいという評判）を馳せるようになった。家臣をいたわり領民にも思いやりがあり、豊かな人間性を持った人物であった。最初の出陣は14才の時で、大永6年（1526）父の名代《みょうだい》として馬岳城《うまだけ》に立て籠もる5000名の大内勢《おおうち》を3000名の兵で降した。この時、大内勢の中に寝返った、かつての味方がかなりいた。道雪はそれを温かく迎えてやった。こうした方法で治世を佳くした。そして娘の養子・宗茂の実父の髙橋紹運《じょううん》（１５４８～１５８６）と心を合わせ、斜陽の大友氏を支え続けた。道雪には誾千代（吟千代《ぎんちよ》）（１５６９～１６０２）と名付けた一人娘しかなく、紹運に願って長子・統虎《たかとら》を養子に譲り受けた。その婿が、後に秀吉や家康さえも一目置いた勇将立花宗茂《むねしげ》（１５６７～１６４３）である。戦に臨む道雪は、二尺七寸の長刀と鉄砲を持って、駕籠《かご》に乗り、三尺ほどの棒に腕貫《うでぬき》をつけたものを手にしていた。そして駕籠の周りを長刀を持った１００人程の若侍に守らせた。いざ戦闘となるや、道雪は手にした棒で駕籠を叩き敵陣に担ぎ込ませた。供の者にためらいがあると道雪は、手にした棒で駕籠の前後を激しく叩いた。そして大声で突撃を命じ、「命が惜しくば、わしを敵の真っ只中に担ぎ入れてから逃げろ」と叫んだ。そのため不利な戦でも左右の侍たちは三尺余の長刀をふるって敵陣へ突き入ったので、たちまち態勢を立て直すことができた。そして常に家臣を大切にした。道雪の武勇は、遠く山陰山陽から東海まで「鬼」と知られた。甲斐の武田信玄（１５２１～１５７３）も、道雪の人となりを聞くと書面を送り対面を望んだほどであった。天正13年（１５８５）71才で没した。筑後北野の陣中であった。

養子だった夫立花宗茂と不仲であったという道雪の一人娘、男勝りの誾千代姫の悲劇。

立花氏の初代は先に述べた戸次道雪。二代目が柳川藩（福岡県柳川市）の藩祖である立花宗茂である。この宗茂の正室が誾千代姫である。この姫は、天正3年（１５７５）5月28日、7才の時に父道雪から立花城（福岡市東区と粕屋郡新宮町）城督を譲り受け、大友宗麟の承認を受けた。道雪は、この一人娘に是非継がせたいと思ったのである。活発で、父に似て男勝りだった誾千代姫が13才の時、二つ年上だった宗茂の妻となった。秀吉の九州平定の際の功績により、宗茂は21才の時に秀吉直轄の大名となり柳川城に移り、この城主となった。

このため誾千代は城督《じょうとく》の立場を失い、権力が夫の宗茂に移ってしまった。夫が出世して13万石の大名になれば、普通の場合妻は嬉しいのであるが、この場合、彼女の気持ちは複雑であった。柳川に移ってからは、彼女は城には住まず、領内の宮永《みやなが》というところに住居を作り宗茂と別居した。そして領民には「宮永様」と呼ばれ親しまれた。これゆえ、二人が不仲であったという説もあるようである。これは、父道雪に似て鬼のように強く、夫に対する対抗心がその因であるのだろうと思われる。養子に来た夫宗茂が、連れて来た家来は二人だけ。現代に置き換えれば、オーナー企業の娘のところに部下を三人連れて入った社長というところだ。大名はトップ宗茂であるが、家臣は道雪の家来や土地の土豪《どごう》たちであったので、家臣の中にも誾千代派が多く、その対立もあり、不仲というようなことになったのであった。

文禄《ぶんろく》・慶長《けいちょう》の役、朝鮮出兵では、立花宗茂は島津義弘《しまづよしひろ》と共に戦った。島津家には義弘が出した奥方への手紙が多く残っているが、立花には残っていない。やはり不仲であったようである。誾千代は、父に似て武勇に秀でていた。家来の妻や娘を組織して鉄砲隊を作り、関ヶ原で夫の宗茂が西軍に付き帰国後、徳川方から攻められた時、誾千代は軍隊を整えて「いざ戦うぞ」と態勢を整えた。加藤清正は柳川城を開城させるため城下に入ったが、彼女の地・宮永を避けて通ったという話も残っている。関ヶ原合戦に際しても、彼女は夫宗茂に「家康につく方が良い」と進言したとか云われている。慶長5年（1600）柳川城を開城し、牢人となった宗茂と彼女は、加藤清正に預けられ、熊本の腹赤《はらか》に移る。しかし宗茂はすぐ上方へ行ってしまい、二人はここで生き別れとなった。そして彼女はその2年後、34才で亡くなる。誾千代の死により、父道雪の血筋は途絶える事となった。柳川の良清寺《りょうせいじ》に葬られるが、墓はなぜか腹赤《はらあか》にあり、彼女は井戸にその身を投げたと云われている。腹赤（熊本県長洲町腹赤）の墓があるところは、井戸跡と云われている。

今、戦国時代ゲームで歴女に知られるようになった九州の女武将の物語である。

42 立山の黒百合の花となり、うらみます

佐々成政《さっさなりまさ》（1536?〜1588）の愛妾、早百合姫の悲劇の話である。かつて、信長の家臣として野望に燃え、色々と画策に明け暮れた「腹の黒い豪将」の最期。失意の旨に至って、こんな歌を詠んだ。「何事も変わり果てたる世の中を、知らでや雪の白さに降るらむ」。ここに至って、シンシンと降る雪の白さに寝覚めたのだろうか。豪雄の心も白さに染っていった。

佐々成政

「早百合姫」は、富山城の西方、五福《ごふく》の生れであったが、やがて成政の寵愛を一身に受ける様になった。他の奥女中たちは、早百合を妬《ねた》んで成政に讒言《ざんげん》した。「早百合姫は小姓の岡島金一郎と密通していまず」と……。怒った成政は小姓の岡島を手討ちにしてしまい、またその上、早百合姫とその一族18名を神通川の河原に引き出して、ことごとく斬殺した。

その時、早百合姫は「私は死んでも〝立山の黒百合〟の花と咲き返ります。黒百合に咲きかえて殿をうらみます」と……。後の為政者の作り話であろうが、この伝説め

いた話しをもとに、泉鏡花（1873～1939）は小説「黒百合」を描いた。16才の鏡花は明治22年（1889）6月に一人で富山を訪れ、3ヶ月余り滞在し、国文・英語の補習講座を開いた。その滞在中の体験を基に、前記の作品と『黒百合』（明治32年、読売新聞）を書いたという。

今、登山ブームで夏山を歩く多くの人々が立山の黒百合の「濃艶な紫」を見ているが、早百合姫を想うのは少しばかりの歴女のみだろうか。神通川の水もこの悲しい血潮で一際《ひときわ》その色を変え、流れたのだろう。

この後、同じ様な事件が京都で起る。「豊臣秀次事件」。三条河原は秀次一族の女性の血が、鴨川の色を変え流れた。

43 秀頼出生の謎、正室と側室の確執

豊臣秀吉の正室北政所（1548～1624）は、秀吉の死後落飾して京都に住んだが、徳川家康（1543～1616）から高台院を建てて貰い、大坂城を出て京都の東三本木《ひがしさんぼんぎ》に住んでいたが東山に移り住んだ。以後、世の動きとは関わりなく暮らした。家康はこの北政所と共同作戦で関ヶ原合戦を勝利に導き、その裏面工作に報いるために河内で1万6千石の所領を与えた。淀君（1567～1615）・秀頼（1593～1615）の大坂方とは常に反対の立場にあったが、大坂落城の後の元和《げんな》3年（1617）には、大坂冬の陣・夏の陣の両陣営の戦死者の供養会を行った。そのあと寛永元年（1624）9月6日、77才でこの世を去った。

淀君、この通称は見下げた呼び名で、京の人は売春婦の婦人を辻で春を売る君、辻君と呼んでいた。この二つから淀殿を京の人々は淀君と呼んでいるのである。

豊臣秀頼は石田三成の子だったのか？

豊臣秀吉の正室北政所《きたのまんどころ》付き秘書の尼・孝蔵主《こうぞうす》（？〜１６２６）は、秀吉の側室淀殿に対する北政所の本

北政所

淀君

音を聞きたいと思った。元和《げんな》元年（１６１５）５月、豊臣秀頼とその母淀殿が大坂城で刃に伏し、豊臣家が滅んでからもう9年、寛永元年（１６２４）には北政所は77才となりめっきりと弱ってきた。秀吉の死と共に髪を下した彼女は、京都の高台院にずーっと住んでいて、1万6千石の所領を与えられていたが、歳には勝てないのはいうまでもない。この年夏も過ぎ秋になると、北政所はほとんど寝たきりだった。孝蔵主は北政所と淀殿の表面的な関係は自分も関わりもしたのでよく分かっていたが、裏面の微妙な点については、さっぱり分からなかった。彼女は北政所の口からその裏面を聞いて記録を留めたいと思っていた。

真実の記録というものは大切なものだが、どの様に大事に締まっておいても後々まで残ることはほとんどない事を孝蔵主は知っていた。しかし万に一つの可能性はある。こういう意味のことを言うと彼女は承知した。人生の卒業を目の前にして、この世に何の未練も無くなったし、孝蔵主が真実の記録を知りたがっていることを彼女は知っていた。それに多年仕えてきた孝蔵主の望みを叶えてやりたいからだった。

孝蔵主「秀頼公は太閤殿下のお胤《たね》とお思いでございますか。」（世間では秀頼は大野治長《はるなが》あるいは石田三成の胤だとももっぱら噂されている。というのは秀吉に子種が無かったと信じられているためである。このことを最も知っているのは北政所をおいて他にないと孝蔵主は思っていた。）

北政所「殿下に子種が無かったのはこの尼がよう知っております。もしあったなら尼がとうに子を産んでいよう。女盛りの側室も多かったことゆえ、誰かが身籠らなければならないのに、誰も、つわりさえも無かったわな。」

孝蔵主「なら淀殿が生んだ秀頼公は世間で云うように大野治長様か、石田三成様のお胤でございますか」

北政所「とんでもない!!……」

秀吉も知らなかった淀殿の寝室

彼女（北政所）は細かいしわの寄った手を振った。質素だが贅《ぜい》を尽くしたといえるこの塔頭《たっちゅう》の庭では、降る様に午後の虫が鳴いている。寝ている彼女の枕辺に涼しい初秋の風が吹き込んでいる。

北政所「淀の者は太閤殿下の精が、あまりお強くないし他の側室たちにも愛情を分けなければならなかったから、いつも不満でいたと云うよりは女盛りの〝もんもん〟の情に耐えられず、つい、若い名もない近臣と情を通じたと、この尼は思っているわな。」

孝蔵主「えー？秀頼様はその胤でございますか。」

北政所「そうじゃ。治長も三成も元浅井の家臣の系統で賢いゆえ、主の淀の者と情を通じたなら壁に耳ありのたとえ、必ず分かろうから、分かったなら身の破滅ということを知らぬはずはない。世間の噂はあらぬ噂よ。」

しかし孝蔵主は疑いが湧いてきた。あの目から鼻へ抜けるような、恐ろしく利口な太閤殿下をどうして納得させることができたのだろうか。

孝蔵主「殿下は確かに自分のお子とお信じなさったのでございますか。」

北政所「信じていたとも。そちは物心つくころから尼寺へ入っていたゆえ、男と女の関係と云うものを知らないのであろうがのう。」

孝蔵主「はい。存じませぬ」

北政所「男を信じ込ませる女の行為というものがあるわな。胤が無いと思っている男にも、その行為によって胤があるように信じ込ませることができる。これができるのは凄腕の女よ。淀の者はその女性で、殿下をすっかり信じ込ませてしまったわな。もっとも殿下は50の半ばでボケが始まっておられたこともあったがのう。」

孝蔵主「私めにはよく分かりませぬが、さようでございましたか。」

豊臣を滅ぼした淀殿・秀頼の甘い読み

孝蔵主「これは返らないことでございますが、もし豊臣の家を潰さないようにするには、どんな策があったとお考えでございましょう。」

北政所「淀の者が家康殿のいう通り江戸へ人質に行き、秀頼が大坂城を出てどこか仮の陣屋に移るようにしたなら豊臣家は潰すわけにはいかぬ。それに、秀頼の正室は家康殿の可愛い孫、秀忠殿にとっては秀頼は婿《むこ》、また秀忠の北の方は淀の者の妹。このような重縁ゆえ大坂を潰したら、おのれたちが嘆きを見ることになろうからのう。」

—次の日—

孝蔵主「淀殿さまにもそういうことが、分かっていたのでしょうか。」

北政所「分かっていたとも。しかしあの者は、誇高く自尊心が強くて頭下げてそのようなことをするなど思いも及ばぬのう。太閤殿下も、上様信長公の血筋はどんなことがあっても残されたのだから。家康殿の望む通りにすれば家康殿も豊臣家を残さないわけにはいかぬわ。」

孝蔵主「よく分かりました。こんどは秀頼公はどうお考えあそばしますか。」

北政所「あれは誰の胤にしても悪い素質ではなかった。淀の者の育てようがなっていなかった。淀の者は頭の悪い阿呆《あほう》よのう。大将というものは自ら戦場へ出て将兵を指揮し、時としては槍を振るうもの。普段から優れた豪《ごう》の者に鍛えさせねばならぬ。それを絹物を包むようにして冷たい風もあてぬとは、あきれ返った愚か者。豊臣家を潰したのはつまり淀の者であった。くれてやった豊臣家でも関わりは消えぬから、そのことを思うと別の腹が立ってならぬわな。」

孝蔵主「尼御前様。お腹をお立てなさいますとお体に障ります。」

北政所「分かっておるわ。秀頼は日本一愚かな大将だった。大坂夏の陣のときに自ら指揮をとろうとは思わなかったのかな。切腹もまともに出来なかったというではないか。他人の子でもやはり腹が立つわ。一戦もせずに死ぬとは笑止千万《しょうしせんばん》の大将よな。それもこれも淀の者の罪よ。そちもそう思わぬか。」

考蔵主「はい。尼御前様。私めもそう思いまする。」

北政所は目をつむって気持ちを鎮《しず》めた。考蔵主はそばに寄って布団の上から主人の足をさすった。病人は足をさすると落ち着いてくるものだった。

考蔵主は、肝心な話を皆聞いてしまったと思った。あたりはもう夕が迫り、東山の冷気が入りはじめていた。

44 長宗我部に〝小少将〟という美貌の女城主が居た

今、歴女の間で人気ナンバーワンの武将は、長宗我部元親《もとちか》である。織田信長には20人を超える子供がいて三七（信孝）とか於次（秀勝）とかいろんな幼名をつけたといわれる。また秀吉も多くの側室を持っていた。徳川家は御三家というシステムをつくったうえに、大奥を設けて系譜を守った。

長宗我部元親には、あまり女性についての話は無い。只一人だけ、側室がいた。阿波の勝端城《かつはじょう》にいた女性といわれていて、長宗我部家の系図には「小少将《こしょうしょう》」という名が記されている。この小少将という女性は、勝端城の女城主として阿波ではよく知られていた。「勝端城に咲いた妖花《ようか》」とも云われ、美人で元親のみならず多くの男性が引き寄せられたのであった。勝端城は日本三大あばれ川の一つである吉野川（旧中富川）の本流と支流に挟まれた中州に造営された平城であった。現在ではその後、川の流れが変わり、城の姿は消え去ってしまっている。城があったと思われる場所に「城址跡」の説明札が立っている。この辺りは染料の藍の産地で、地名も藍住町《あいずみちょう》である。

「本能寺の変」の後、天正10年（1582）8月、長宗我部元親はこの城を攻めたがなかなか陥落しなかった。司馬先生の小説にこの話が描かれている。元親軍がこの城を攻めている最中に吉野川が氾濫し、攻め手の元親軍は水を避けるため木の上に登る。しかし、これを待っていた守城兵が舟を漕いで城から出てきて、木の上の兵を鉄砲で撃っていく戦術を展開する「鳥刺戦法《とりさし》」である。元親は水が引くのを待って意を決して大軍の総攻めを行った。この城には三好家の一族で十河家《そごうけ》に養子に入った十河在保《まさやす》（1554～1587）がいたが、この戦いで多くの戦死者を出し、在保は讃岐《さぬき》の虎丸城《とらまる》（香川県東かがわ市水主）に逃亡した。この時、城に残っていたのが小少将である。彼女は42才で元親は44才であった。この年齢でも彼女は美しかった。

足利政権の政治担当の細川持隆《もちたか》（1497～1553）が、勝端城主の時に吉野川を遡ったところにあった西条東城（徳島県阿波市吉野町西条）で小少将を見初《みそ》めた。側室として細川真之（1538～1582）を出産した。この女好きの持隆は、都に行き勝ちで、その留守を任されていたのが三好義賢《よしたか》(實休《じっきゅう》)(1527?～1562）であった。義賢は持隆を討ち、義賢の妻に彼女は収まっていた。この義賢と小少将の子が、三好長治《ながはる》（1553～1577）、十河在保である。義賢の死後は、三好家重鎮・篠原長房《ながふさ》の弟・自遁《じとん》に嫁ぎ、その自遁が長宗我部家に敗れ、落ち延びた淡路で没した後の足跡は不明。自遁は、主君三好長治の生母・小少将と通じたことを兄とされる篠原長房（?～1573）に咎められると、長治に長房を讒言してこれを攻め滅ぼさせた（上桜城の戦い）。

小少将は、妖女といわれていた。彼女の子供たちは互いに争っており、長治は真之に討たれ、その真之も存保に自害に追い込まれる。四国にもこんな女城主がいたのである。

45 細川ガラシャの〝愛と信仰〟

勝竜寺城公園に立つガラシャと細川忠興の像

「才色兼備」で名高かった光秀の三女は、動乱戦国の世に清冽《せいれつ》な生き方を貫いた。細川忠興《ただおき》夫人〝玉〟（1563〜1600）が、キリシタンの洗礼を受け「ガラシャ夫人」になったのは、夫との間が不仲であったという説があるが、果たしてそうだろうか？

明智光秀の娘として生まれた〝玉〟は、主君信長のお声がかりで、山城国勝龍寺（京都府長岡京市勝竜寺）の城主細川藤孝《ふじたか》の嫡男・忠興《ただおき》（1563〜1646）のもとに嫁いだ。天正6年（1578）8月15日の婚儀で、忠興は同い年の16才であったが、松永久秀の片岡城（奈良県北葛城郡上牧町）攻撃で武勲を立てて、信長自筆の感状を貰った程の勇士であった。

〝玉〟は、父光秀の居城、坂本城（滋賀県大津市下阪本3丁目坂本城址公園内）で少女時代を過ごした。結婚の翌年に長女於長《おちょう》、次の年に長男忠隆（1580〜1646）が生れ、幸せな日々が約束された様に見えたが、4年目の天正10年（1582）6月、父光秀が突然兵をあげて、本能寺にて信長を滅ぼした。光秀は当然、婿である忠興に協力を求めたが、細川藤孝（幽斎）父子はこれを拒否した。〃玉〃の長姉は明智秀満《ひでみつ》（光秀の重臣）（1536?〜1582）の妻であったが、何れも夫婦揃って父に従い、姉達は母と共に坂本城で自害した。

〃玉〃は細川家から遠ざけられ、当時明智の飛び地であった丹後山中の味土野《みどの》（京都府京丹後市弥栄町）に幽居させられた。現在でも、ここは丹後半島の真ん中の山の中で不便極まりない所である。筆者の在勤中、同じ会社の仲間に「喜捨《きすて》」という変わった姓の人が居た、出身、出生は、その「味土野」ということであった。「喜んで捨てる」これはキリシタンの名前である証拠である。ガラシャ夫人は、この山中で信仰生活に入ったと思われる。勝龍寺城時代、隣り合わせに有名なキリシタン大名高山右近が居た影響もあり、きっと侍女の中に、丹後に移る以前にキリシタンに入信した侍女がおり、本能寺の変後、味土野で天涯孤独唯一人になった〃玉〃は入信、土地の人々もキリシタンになり「喜捨」という姓が残ったと思われる。

〃玉〃は、「大坂屋敷で夫忠興が、庭師と〃玉〃との会話に嫉妬し、庭師を一刀の下に切り殺した。」彼女は三日間、着物を着たままで抗議をした。こんな事から、夫婦間に不和が起こり、側近にいた熱心なキリシタン女性から、信仰に入り、洗礼を受けたとされる（洗礼は大坂とも言い、ガラシャは神の恵みという意味である）。味土野時代の空白期に、絶望的と思われる島流しの様な状況の中で、彼女は信仰を得たと思われるのである。

46 春日局〃おふく〃の就職活動、旧夫の就職活動

〃おふく〃の一般的に云われた生いたちを見てみよう。父は、明智光秀のトップの将、斉藤利三《としみつ》（1534

～１５８２）。本能寺の変後、山崎合戦で敗北、捕えられ六条河原で斬られる。この時、おふく（１５７９～１６４３）はまだ4才の幼子で、京に逃れた際に、父の処刑を見ることになったと云われており、前後して兄弟らと、浅《あざ》井《い》長政《ながまさ》の家臣・海北綱親《つなちか》の子で絵師の海北友《かいほうゆう》松《しょう》（１５３３～１６１５）を頼り京都の東福寺を訪れたのだろう。友松は父・斎藤利三と大変仲が良かったと云われている。しかし、豊臣勢の追っ手が迫ったこともあり、母の父である稲葉一鉄《いってつ》（良通《よしみち》）（１５１５～１５８９）の世話で、斎藤ふくは三条西公国《さんじょうにしきんくに》（１５５６～

春日局

１５８７）を頼る。公国は、稲葉一鉄の妻の甥にあたり、おふくらを奉公人として匿った。おふくは母方に身を寄せ、その後、疱瘡を患った。アバタ顔になり年頃になっての縁談は、妻に死なれた子供を抱えた男だったのだ。三条西家でおふくは、公家の書道・歌道・香道といった教養を身につけることができた。だが、平穏な生活も約3年しか持たず、秀吉に、斎藤ふくが三条西公国に居る事が知れてしまい、天正12年（１５８４）、亡き父・斉藤利三の妹が長宗我部元親（１５３９～１５９９）に嫁いでいたことから、四国は土佐・岡豊城（高知県南国市）の元親を頼った。斎藤ふくは土佐で、今度は武士の法律や武家の学問・知識・教養を身につけた。天正17年（１５８９）12才になったおふくは、三条西家を継いでいて歳もそんなに離れていなかった三条西実《さね》条《えだ》（1575～1640）を頼って再び京を訪れ、歌や文学・学問などの教養を更に身につけたという。その後、三条西家と稲葉家で話し合いも行われたのであろう。斎藤ふくは、稲葉一鉄の長男・稲葉重通《しげみち》の養女となり、〝稲葉ふく〟となった。ちなみに、稲葉本家は美濃・曾根城主であり、正室（三条西家公条《きんえだ》の娘）の子であった二男の稲葉貞通《さだみち》（1546～1603）が継いでおり、のちに5万60石の豊後国臼杵《ぶんごのくにうすき》藩初代藩主になっている。重通は長男でありながら側室の子であった為、稲葉本家の家督こそ継げなかったが、美濃・清水1万2000石を知行し大名になっていた。稲葉重通には、林政秀の次男で、重通の娘と結婚させ、婿養子に迎えていた稲葉正成《まさなり》（1571～1628）がいた。しかし、正成と結婚させていた娘が若くして亡くなった為、文禄4年（1595）養女にしていた稲葉ふくを稲葉正成の後妻とした。ふく17才、正成25才という。

一般説によると、おふくは美濃で夫正成の妾を斬り殺すや、すぐ京都へ出てきた。そして公家の家に就職していた時、家康の孫が生れ「乳母募集の高札」が粟田口《あわたぐち》に出た。これに応募して江戸へ行ったというのである。応募者は彼女一人だったと云われているが、〝乳母になるのは出世の入口〟であるので、本当は、応募者は一杯居たはずであると思われる。そして〝おふく〟は夫稲葉正成の力を使って、この金の的を射止めたのである。

秀吉によって江戸に移封された家康は当時、没落した名族の人々を召し抱える方針を持っていた。武田の信《しん》松尼《しょうに》（信玄の六女・松姫）（1561～1616）を大事にしているし、家康側室「お梶の方」（英勝院）（1578～1642）といって寵愛を一身に受け「御秘蔵様」とも云われた人は、太田道灌の玄孫《やしゃご》であるという。

稲葉正成は、関ヶ原で有名な小早川の裏切りで勝利への道を開き、家康に寄与している貸しがある。これを利用して〝おふく〟を就職させた上、「大坂の陣」で活躍し、ついに下野真岡《しもつけもおか》藩2万石の大身に出世し、従五位下佐渡守となった。

47 春日局物語（江戸期）

〝おふく〞の敵は〝おごう〞にあらず、「国松の乳母」であった

国松（のちの忠長）の乳母は『寛政重修諸家譜《かんせいちょうしゅうしょかふ》』の中に記されている。巻第２９７に〝清和源氏頼光〞の流れ土井氏の中に利昌の娘とある。駿河大納言卿（国松）の家老、朝倉筑後守宣正《のぶまさ》の正室である。母は、兄土井利勝（１５７３～１６４４）と同母で葉佐田則勝の娘。名前は不明だが、夫と共に国松に仕える乳母（のちの昌清尼《しょうせいに》）（?～?）である。夫の朝倉宣正（１５７３～１６３７）は越前の名門、朝倉義景の子孫である。周知の様に織田信長に攻められ、義景は「越前の大野」へ逃れ一族と共に自害して果てたが、宣正はその曾孫にあたる。

家康は、側室はじめ家来に、名族の生き残りや、その子孫の人々を採用していたので、父の在重《ありしげ》の時に家康に仕官。その子宣正は早くから〝秀忠〞に仕えていた。関ヶ原合戦の時、秀忠は信州の上田城にて真田昌幸・信繁（幸村）父子の巧妙な戦術にふり回されて苦戦を続け、遂に主戦場の関ヶ原に遅れて到着した。この戦いの時も、宣正は秀忠を助けて奮戦した。寛永年間には掛川2万6千石の城主と出世をしている。

これを見ると、・竹千代（後の家光）の乳母・春日局〝おふく〞の経歴とよく似ている。宣正は、信長に滅ぼされた名門の子孫である。その上、秀忠の直臣であるので、自分の妻を秀忠に推挙したのであろう。この妻が又、大ものである。土井利昌の娘で、兄は秀忠側近の重臣土井利勝である。この利勝は家康の脇腹に生ませた子とも云われている。幼時から家康に愛され、秀忠が生まれると、すぐその小姓となった人で、その時利勝は7才であった。この秀忠の兄弟の様な兄利勝を後ろ盾に、国松の乳母として彼女は侍《はべ》る。夫は名門の子孫で、夫と二人で養育すれば〝おふく〞には強敵であったはずである。

寛永9年（1632）徳川忠長が改易されると、宣正も連座して改易された。昌清尼は、忠長自害後、忠長の正室織田昌子（松孝院《しょうこういん》）と共に出家、昌子の一字を賜り昌清尼を名乗った。

おふくの家康への直訴の本当、ウソ

一般には、春日局おふくは、竹千代（家光）の弟・国松（徳川忠長）を強く愛し自分で育てたと云われる〃お江《ごう》〃と対立し、その結果、家康への直訴を強行し成功したと云われて、映画等々に有名シーンとして登場しているが、これは〃どうもウソらしい〃。確かに将軍の正室と乳母とは格段の差があるし〃お江は名門中の名門〃織田信長の子孫。片や〃おふく〃の父は織田を討った反逆者明智光秀の家来の斎藤利三《としみつ》、勝負になるはずはない。『諸家譜』にはこう記されている。「大猷院《たいゆういん》殿（家光）の幼いころ、台徳院《たいとくいん》殿（秀忠）の心に疑うことがあり、すでにおぼしめし、さだめらるる（後継ぎを別人に）といふ御様子を知り（おふく）は私にお任せくださいと云って、ひそかに東照宮様のお耳に入れたので、ねんごろに仰せをこうむった。」

〃これを元和元年（1615）にしているところが怪しいのだ〃。この元和の年は〃大坂夏の陣〃で家康も最後の仕上げのこの戦争に必死の時であるし、その年の10月、家康は江戸に居て長期に滞留していた。

一方、家康直訴には真っ向から否定する話もある。新井白石《はくせき》の書いた『藩翰譜《はんかんふ》』がある。これには「これ皆、妬忌《トキ》深き婦人、女子の口より出て物の心をも弁《ワキマ》へぬ人の、私の腹もて、公なる御心《ミココロ》（秀忠の心）を計れるより出でし説なるべし」と書いてある。秀忠が国松君を偏愛《ヘンアイ》することは無かったのだと云う。妬忌《トキ》深き婦人、女子とは「春日局」のことであろう。新井はこの証拠として、国松が幼児の事例を出している。国松が鉄砲で江戸城の堀の鴨を討った。それを見た秀忠が「この城は大御所様がお築きになり、私がそれを受けた。これを〃竹千代〃に継ぐものだ。この城に向かって鉄砲を放つとは何事か」と叱ったと云われている。

この他説にも〃おふくの駿河行きの訴えはウソ〃で、家光お付武官の青山忠俊《ただとし》と共に渋谷の八幡様に参拝、千両の護摩料を奉納したとか言われる。この時家康は、徳川家〃存続の鉄則〃として〃長子相続〃を決めていたので、当然、家光が長男で三代将軍と決めていたのだろうと近年、研究者の中で言われているようだ。

戦国期の剣豪

48 塚原卜伝

剣聖・塚原卜伝は、愛妻家であった

茨城県鹿島市須賀の梅香寺跡にある塚原卜伝《つかはらぼくでん》（1489～1571）のお墓には「宝剣高珍居士」と「仁甫妙宥大姉」の二つの戒名が刻まれているはずである。というのは、そのお墓が苔むし風化して刻銘が判然としないからであるが、前者は卜伝の法名、後者はその本妻のものである。夫婦が合葬されるのは珍しい事ではない。

しかし生涯を廻国修行に出ていた卜伝にしては、少し奇異に感じるのである。卜伝は三度郷里を飛び出している。最初は17才の時、この時は3、4年間の武者修行の後に帰郷している。二度目は「新当流」を興した34才の時からの廻国修行である。この期間がどれ位の間なのか定かでないが、ともかく56才の時帰郷しているのは史料で明らかで、三度目はその後、68才迄。

塚原卜伝（右側）

そして元亀2年（１５７１）3月11日、生地の鹿島《かしま》で、83才で没したという。正に生涯の半分を他国で暮らした男である。こんな男を主人とした妻が幸せだったか、不幸だったか。伊勢松坂に卜伝屋敷跡がある。ここに妾と同居したという。家を永く留守にした彼は、妻に深く懺悔《さんげ》し56才の時、亡くした妻の永代供養の為、田畑を一反歩《いったんぶ》寄進した。卜伝の本妻の名は不明である。

■鹿嶋市のガイド、略年表・廻国の足跡によると、二度目の廻国修行は、大永3年（１５２３）出発で帰国は天文元年（１５３２）、三度目の廻国修行は、弘治3年（１５５７）出発で帰国は永禄9年（１５６６）。卜伝は45才で妻・妙を娶り、妙は天文13年（１５４４）死去とある。

卜伝の高名は、剣法より製鉄の知恵だった

塚原卜伝の秘太刀が「一の太刀」であった事はよく知られている。卜伝のこの秘太刀を伝授されたのは将軍足利義輝《あしかがよしてる》（１５３６～１５６５）、伊勢国司北畠具教《きたばたけとものり》（１５２８～１５７６）、そして鹿島神宮の大祝《おおほうり》である松岡兵庫助《まつおかひょうごのすけ》（?～?）の三人である。その松岡兵庫助から徳川家康《とくがわいえやす》（１５４３～１６１６）も授けられた

というが、これは「金許し」であろう。更に卜伝の養子の彦四郎幹重《みきしげ》が、北畠具教を騙《かた》って「一の太刀」を盗み取ったという話もある。

この「一の太刀」を授けられたこの三人の顔ぶれを見て気付くのは、卜伝の乱世に於けるしたたかな泳ぎぶりであろう。彼は実力を買って「一の太刀」を伝授するといった甘い人間ではなかった。将軍、伊勢国司、鹿島神宮大祝と何れも何らかの形で政治力を持っている者ばかりである。卜伝自身はあくまでも兵法のプロフェショナルで政治志向はなかっただろうが、兵法者たる己の存在を高からしめるのに、そういう力を背景として欲した事は確かで、無論その背景は、彼の良き「金づる」でもあった訳である。

兵法を通じ、事実「手練れ」である事は、そうした権力者に取り入る為に不可欠の条件で、そういうプロは何も卜伝一人ではない。そういう輩は「うようよ」いた。その中のトップの卜伝には、「地の利」があった。武甕槌神《たけみかづちのかみ》を祭る鹿島神宮の地に生れた強みである。もう一つの強みは「血の利」である。彼は神妙剣を興した鹿島の神官・国摩真人《くになつまひと》の子孫、吉川氏（本姓卜部氏《うらべうじ》）である。それが土地の豪族・塚原氏の養子になったのだ。

しかしもう一つの強みとして、あながち憶測ばかりといえない説がある。鹿島の地が大和朝廷の東国平定の為の前線司令部的存在であった事はいうまでもない。だが彼らが何故ここを根拠としたかというと、古くからここに良質砂鉄が出た事である。古代の戦争には鉄の消耗戦で、砂鉄は大きい魅力である。現に古代の製鉄所跡が残っている。これは、その後鹿島神宮に吸収されてゆき、神宮に鍛冶台《かじだい》という遺跡が伝わり証明する。

卜伝はその神官の出自《しゅつじ》である。彼らが製鉄の知識、鉄の武器の製作の知識を持っていたのだ。戦乱の世、兵法と共にこの知識は諸国の武将に大きい魅力で、彼もこれを自覚し全国修行時に、このノウハウを武器にしていたのだろう。

彼の「修行行脚一生」の謎が解けた。

49 上泉信綱

上泉信綱の強さ

大和国柳生の庄、柳生《やぎゅう》宗厳《むねよし》（1527～1606）は中条流の名手として、近畿第一の評判をほしいままにしていた。だが、上泉《かみいずみ》伊勢守《いせのかみ》信綱《のぶつな》（1508～1577）が永禄7年（1564）6月、将軍足利義輝に招かれ、義輝第で演武を上覧。その名聞の喧《かまびす》しいのを聞くと「評判の如く強ければ、一手教えてもらいたい」と、その旨を信綱に申し入れると、信綱も柳生の名は知っていたので、すぐ喜んで柳生に来た。

それで「一手御指南にあずかりたい」と言うと「それではまず疋田」と言って、疋田《ひきた》文五郎《ぶんごろう》（1537～1605）を出した。宗厳は「信綱ならとにかく、弟子の疋田如き」と思いつつ、竹刀をとって出ると、疋田はそれを見て「それは悪《あ》しゅうござる」と声をかけて、ポンと打ち込む腕の冴え。宗厳は、「あっ」と躱《かわ》す、すきもなくポンと打たれて、「今、一手」と十分に用心して型を変えて出たが「それも悪しゅうござる」と言う。文五郎は首を傾けて手軽く打ちを入れると、宗厳またも受けきれないで取られてしまった。

宗厳はすっかりびっくりして、信綱に「それでは、なにとぞ未熟ながら」と礼を厚くして立合うと、疋田でさえ段違いであったのが、信綱にかかっては、前に巌石が立っている様に感じ、後ろにも絶壁が立っている様に感じ、どうにもならず「成る程天下の名人で、わしらの田舎武芸者には及びもつかぬ芸だ」と感じると共に刀を引いて、その門下に入った。大和戒重家《かいじゅうけ》の人々もそれに驚いて入門するし、その家中、第一の使い手・松田織部《おりべ》之助《のすけ》（?～?）も弟子になるし、柳生は、それが為に近畿武芸者の修行所の様な形になった。

信綱は、こうして近畿にいる内にその名前はますます高くなり「柳生との試合」が評判になるにつれて、時の帝、正親町天皇《おおぎまちてんのう》（1517～1593）のお耳に入って「その妙技を見よう」との勅が下った。山科言継《やましなときつぐ》卿《きょう》（1507〜1579）からその仰せが信綱に伝わり、ここに「日本で最初の剣道天覧」という事が実現された。時に元亀元年（1570）6月27日であって、この時に「従四位下」となり、伊勢守改めて武蔵守に任ぜられ昇殿を許されたのである。

そして軍学にも達していたから、公卿の中にも入門する人があるし、時の将軍足利義輝《あしかがよしてる》（1536〜1565）が信綱の弟子になるし、後には豊臣秀次《とよとみひでつぐ》（1568〜1595）もその門に入るし、天下第一の剣客として一代を圧してきた。

当時、九州では丸目蔵人《まるめくらんど》（長恵《ながよし》）（1540〜1629）が九国第一と称されたが、この人が信綱の名聞を聞いて「何ほどの事であろうか」と考え、はるばると上洛した。蔵人は、その以前に上洛して清水寺の境内に高札を立てて、諸人と試合をし、ことごとく勝っているので、信綱の名声を聞いてもさほど強いとは信じられなかった。だが、立ち合ってみると、手もなく負かされたので激怒しながら、三本目の勝負には声もかけずに打ちかかると、すぐに体当たりで倒され、その背を踏まれると身動きも出来なかったので、心の中から「参った」と叫んだ。そして信綱に入門して研究する事しばし、九州へ戻ると、丸目蔵人の剣法は九州中に流行、維新まで各藩に残された。

この丸目がもう一度上洛して奥義をと思っている内に、信綱が死んだので丸目はひどく残念がり、昼夜鍛錬し数年の後、己の流儀に対して「大捨流《たいしゃりゅう》」と名付けた。「師恩を思って大きい物を捨てた」という意味で、朴《ぼく》訥《とつ》な武術家の心である。

この門人に傑出した人が多いので、信綱の剣法が如何に優れていたかが分かる。名人として疋田文五郎、神後伊豆（?〜?）、柳生宗厳、松田織部之助、那阿弥左衛門《なあやさえもん》（?〜?）、奥山休賀斉《きゅうがさい》（1526〜1602）がいる。これだけの名人をその弟子に持った人は、おそらく上泉信綱、只一人であろう。

戦国期、どうして「新陰流」は全国に広がったのか

「何、業正が死んだ。業正が」。武田信玄《たけだしんげん》（1521～1573）は上野国箕輪城《こうずけのくにみのわ》（群馬県高崎市箕郷町）の城主長野業正《ながのなりまさ》（1491～1561）が永禄4年（1561）6月21日（月日は異説あり）、病死と聞くと、脇息《きょうそく》を叩いて笑って「よし！」と叫んだ。「太田道灌《おおたどうかん》（1432～1486）は隠退したし、業正は死んだ以上、関八州《かんはっしゅう》はわしのものじゃ」。直ちに2万の兵を催して上野国へ攻める準備を進めた。

在原業平《ありわらのなりひら》（825～880）の後胤《こういん》、長野信濃守業正は、上杉管領家唯一の大将として箕輪城に拠り、武田信玄の兵を撃破して近づけず、流石《さすが》の信玄をして「業正在る間は、上野国は手がつけられぬ」と嘆ぜしめたのである。

この一代の名将の下でその右手と称されたのが、剣祖・上泉武蔵守信綱《かみいずみむさしのかみのぶつな》（1508～1577）である。業正の下にあって剣槍二道に達し、長野家十六槍の一人と称されていた。そして安中左近《あんなかさこん》（左近大夫景繁）の、安中城を攻めて左近を討ち取ってからは「上野国一本槍」と呼ばれて、その智、その勇、共に長野家無双の勇士であった。代々、大胡城《おおごじょう》（群馬県前橋市河原浜町）の城主であったが信綱の父の代になって城が亡んだが為に、業正に仕えたのであるが、上杉家が非勢に陥《おちい》らない時に愛洲小七郎惟孝《あいすこしちろうただたか》（1452～1538）から「愛洲《あいす》陰《かげ》の流《りゅう》」を学び、これから一流を編み出して「新陰《しんかげ》の流《りゅう》」と称していた。槍をとっては「上野国一本槍」の称があり、剣をとっては「新陰の流」の流祖である。

武田信玄自ら、2万の大軍を率いて箕輪に攻めて来た時に、業正の一子業盛《なりもり》（1544～1566）は、大手を防ぐうちに戦死してしまった。この時、裏手を守っていたのが上泉信綱。摩利支天《まりしてん》の旗を疋田文五郎《ひきたぶんごろう》（1537?～1605?）に持たせて、兵を「丸く竜の丸」に備え、いよいよ「斬って出て討死と」心を決めた時に、信玄の陣から穴山梅雪《あなやまばいせつ》（1541～1582）が使者としてやって来た。そして「信玄公より

口上でござる」。信綱自らがその口上を聞く。

「この上、無益の戦をして天晴れ《あっぱ》武辺者《ぶへんしゃ》を犬死にさすな、とのお言葉でござる。貴殿の兵法「新陰の流」を、君（信玄）にはひどく惜しませ給い、手痛く防戦して武士の道立ったる上からは、この上の討死こそ役無きこと。貴殿一人の兵法に候らず、天下の為にお命を全うしてその道を広められてはと存じ申すが」。丁寧で条理の立った言葉であった。それで信綱も、「ねんごろなる仰せ」と挨拶して兵を解いて内藤修理亮昌豊《ないとうしゅりのすけまさとよ》（昌秀）（1522～1575）へお預けの身となった。

だが、名将長野業正に仕えて生死を共にしてきた上泉秀長（後に秀綱、信綱）は、二代の主として信玄に仕える事を好まず、とうとう「諸国に新陰の流を広めたいからお暇を頂きたい」と申し出た。「何か不服があるのか」と信玄が聞くと「仕官したくないのと、折角の発見の剣技を広めたいからであるのと、この二つの外に何もない」。だが信玄は信綱を惜しんで中々承知しなかった。けれども信綱に仕官の意志の全然ない事が分かると、「他家へ仕える様な事はあるまいの」と聞いた。「ございませぬ」。信綱が己を見限って他家へ仕えたりしない様にというよりは、信綱の武功は一城、二城を敵に与えるよりも恐ろしかったのである。業正の副将としての信綱の武功を十分に知っている信玄は、「他家に仕えぬなら暇を出そう」「以後は信玄の一字をとって〃信綱〃を名乗る事」と、渋々承知した。

彼は、一生の間「主」を取らなかったが、戦国一の名将からこれだけ惜しまれたのを見ても、「上泉流」の軍学が信綱の一子秀胤《ひでたね》（1530～1564）によって広められたのを見ても、剣術のみでなく軍学にも達していた証左である。武蔵守になったのは上洛して、永禄7年（1564）6月、日本で最初の天覧に供した時に、武蔵守《むさしのかみ》に任官されたからである。

卜伝と上泉伊勢守は師弟関係にあった

群馬県の箕輪城（高崎市箕郷町）址の北東1キロの所に諏訪神社という村社がある。永禄3年（1560）、塚原卜伝《つかはらぼくでん》（1489～1571）の勧請《かんじょう》となる社で、この辺りの地名を「卜神《ぼくしん》」といい、近くには卜伝が寒行したという池が「卜神の池」という名である。

そこにある箕輪城は、上泉伊勢守《かみいずみいせのかみ》（信綱）（1508～1577）が属した長野業正《ながのなりまさ》（1491～1561）の城である。その城の、こんな近くに常陸国の人である卜伝の勧請した社が有り、卜伝伝説があるというので調べてみると、古老から意外な話を聞いた。

「上泉伊勢守は、卜伝と試合をして勝ったのでその英名を貰って一時「塚原卜伝」と名乗っていた事がある。赤城の三夜沢《みよさわ》の赤城神社の奉納試合で、卜伝が武田信玄《たけだしんげん》（1521～1573）の家来の何某という男を打ち負かした。その時の卜伝は実は「上泉伊勢守の卜伝」であるという伝説あり」と言う。試合に勝って相手の名前を取る事があるのだ。

又、奇説もある。伊勢守の父の武蔵守義綱《むさしのかみよしつな》が卜伝の師で、伊勢守は卜伝の弟子である。

これであれば年齢的にも卜伝は、20才位上なので納得である。武蔵守が、どれ位刀法が達者であったかは皆目分らないのである。

50 宝蔵院流槍術の創始者、胤栄の謎

「新陰流」という流儀がおそらく、上泉伊勢守《かみいずみいせのかみ》（信綱）自身も予想しなかったほど後世に広まったのは、後継者の一人である柳生宗巌《やぎゅうむねよし》（1529～1606）と、その子、子孫、孫の功に負うところが大きい。してみると「伊勢守と宗巌」この二人の出会いは、大きな歴史的事実であり、運命的であった。

時は廻国修行中の永禄6年（1563）、場所は南都の興福寺子院の宝蔵院である。何故、伊勢守は宝蔵院に訪れたのか？ 彼は巷間にいわれるように、この寺の覚禅坊胤栄《いんえい》（1521～1607）の武名に魅かれて手合わせを望みに来たのだろうか？

寺中《じちゅう》にも格がある。上から順にいえば門跡《もんぜき》、院家《いんけ》、学侶《がくりょ》そして衆徒《しゅうと》となる。宝蔵院はこの学侶の格に属す。即ち学問をつかさどる所である。柳生宗巌が宝蔵院の胤栄と交わりがあったのは、きっと学問の師弟という関係に違いない。学侶に学ぶ子弟は、柳生氏の様に近辺の土豪の子が多かったのである。結局、伊勢守が宝蔵院を訪ねた理由は分からないが、宗巌はこの高名の兵法者と手合わせをして、教えを請おうとして柳生の里から宝蔵院まで、三、四里の道のりをひた走って来たのだ。

それにしても、この胤栄という人物が謎である。それまでの素槍《すやり》中心の槍術《そうじゅつ》に対し、十文字槍を使用した宝蔵院流槍術を始めた。柳生宗厳の薦めで共に上泉信綱の弟子となり新陰流剣術を修行するなど、多くの師に付いたと伝えられるが、中でも天真正伝香取神道流《てんしんしょうでんかとりしんとうりゅう》・大西木春見《おおにしきしゅんけん》の影響が強く表れている。素槍に比べ槍としての攻防を多様にする十文字鎌槍の創始は、当時の槍術には画期的なものであり、現在にも伝わる。

兵農分離の戦国期に、僧侶が、しかも衆徒を取り締まる立場の胤栄が「武」をあきなう事がどうして可能だったか。「そんな反政治的な事をやれば一網打尽に寺中は処刑されてしまうから、当然仲間同士規制し合うはず

です。隠れて武術を行おうとしても、当時は警察力が発達していたから、出来っこありませんな」。これは土地の史家が言われた疑問の一つである。しかし、現に胤栄の伝者は存在する。

宝蔵院槍道場の構造については、幕末期に川路聖謨《かわじとしあきら》（1801～1868）が奈良町奉行在任時に綴った日記『寧府紀事《ねいふきじ》』に記している。

「宝蔵院は興福寺の寺中なれど、構いの外也、直に稽古場の門より参る、稽古場の門といへど瓦やね、ひらき門にて立派なること也、門内に与力共稽古として参るもの共、立出て平伏せり、宝蔵院の後見、満田権平というもの案内いたす、宝蔵院は白き衣に紫のさしこをはき、大脇差をさして稽古場の上が口に出迎たり、稽古場は瓦ぶきはいふもさら也。立派なること目を驚かせり、三間に七間のから板にて、柱六寸角にて、板式はひのきふしなしにて、釘を表へうたず、すきめもなく、全に能舞台のごとし、稽古場のはめへ、竹すだれのごとくにやりをかけたるに、二尺もあまれるにその高サを思ふべし、見物所は床付八畳にて、次之間もひろし、うしろは通し椽也、御門主ご覧のときのためのよし、……」

（……広さ三間に七間柱六寸角、板敷き「節無し檜」で釘を使わず、能舞台の様に見える。羽目には槍が簾の如く立っている。そこから天井まで、尚、二尺も余っているのを見ても天井は高い……）。

これは客用の道場で、常は四百畳敷きの大道場であった。

宝蔵院は、江戸期には興福寺築地の外、登大路《のぼりおおじ》の南側にあった。しかし、明治初年（一八六八）の廃仏毀釈の際、取り壊され、その跡地は、帝国奈良博物館（現・奈良国立博物館）構内に組み込まれた。宝蔵院の井戸枠と伝えられる六角形の石組が敷地内に残されている。博物館旧館西側の宝蔵院跡地には、槍術発祥地を顕彰する「宝蔵院流槍術顕彰碑」が建立されている。

51 九州全土を制した「タイ捨流」——一刀入魂の「袈裟斬り」に生死を賭す

日本剣道史上、空前絶後の剣聖といえば新陰流を創設した上泉伊勢守信綱《かみいずみいせのかみのぶつな》であろう。彼は武田信玄《たけだしんげん》に絶賛された戦国武将。それ迄、力にものをいわせた剣に理に叶った「技法」という息吹を吹き込んだ。無論「諸国剣道修行」に於いて一度も遅れをとった事はない。

この門下で双璧の人が柳生石舟斎宗厳《やぎゅうせきしゅうさいむねよし》（１５２９〜１６０６）と丸目蔵人佐《まるめくらんどのすけ》（長恵《ながよし》）（１５４０〜１６２９）の二人である。石舟斎は柳生新陰流をもって徳川家康《とくがわいえやす》（１５４３〜１６１６）の剣術指南になった人物。他方の蔵人佐は「タイ捨流《しゃりゅう》」を興し、九州を中心に西日本一体に大いに剣声をあげた。これを当時の人々は「東の柳生、西のタイ捨」と並び称した。石舟斎と蔵人佐の何れが強く優れていたかは一概にはいえない。年令にも差があり、信綱に学んだ時期も異なる。

だが、永禄元年（１５５８）から５年の間に行われたとされる足利第十三代将軍・足利義輝《あしかがよしてる》（１５３６〜１５６５）の「兵法上覧」に際し、信綱は自分の相手役として蔵人佐を指名している。彼は見事に打太刀の大任を果たし、義輝から「天下の重宝」のお墨付きを貰った。そして信綱は二度にわたり段階ごとの「印可状」を蔵人佐に与えた。一応の修行を終えた蔵人佐は、郷里の肥後人吉《ひとよし》に帰ると相良家十八代相良義陽《さがらよしひ》（１５４４〜１５８１）に仕え、九州戦国時代を果敢に戦い、やがて「タイ捨流」を興す。その剣技は相良氏と同盟関係にあった大友宗麟《おおともそうりん》（１５３０〜１５８７）が深く敬愛するところになり、瞬く間に全九州の三分の二近くへ広がり、義陽が島津氏と和睦、大友氏と戦いを交える様になると、今度は薩摩大隅へも伝播していった。後に「示現流」を開く東郷重位《とうごうちゅうい》（１５６１〜１６４３）も、若年の頃「タイ捨流」を学んでいる。いささか奇異な気がしないでもないが「タイ捨流」は、永禄年間から天正年間にかけて九州全土を覆っていたといって過言ではない。

「タイ捨流」。大捨、体捨、体棄、待捨とも書く。何故、この様に広く流行したのか。理由は、まず第一に信綱が考案し、蔵人佐が工夫した合理的で巧みな剣の運用法や理合《りあい》が、中央から辺境の地であった九州にそれ迄存在しなかった事。次に開祖の丸目氏が九州の人であった事。風土や気質を抜きにして武道の発生は語れないのである。九州ほど男の潔さを尊ぶ地域はない。従って惰弱、臆病、卑怯を極度に嫌い勇猛凄列《せいれつ》な「タイ捨流」に、そうした九州武士は、まるで己の体内に流れる血潮を聞く様な思いで吸い寄せられたのだ。

「タイ捨流」にも上段、中段、下段、その他の構えはいくつかあるが、何よりもこの剣法の特質は右上段である「右八相《みぎはっそう》の構え」一つにあるといわれる。「タイ捨流」の八相は、他流に見られる八相の様に緩やかな傾

丸目蔵人佐(長恵)

斜は持たない。「グン!」と腕や肘を突き上げ、天に向かって剣先を高々と掲げる。打ち込みは裂帛《れっぱく》の気合いと共に振り下ろされる「袈裟《けさ》斬り」のみ。練習は防具無し、木刀真剣そのもの、打ち合いは冷や汗が出るほど激しい。「袈裟斬り」の速さで命をかけて、遅ければ死あるのみ。「一刀入魂」が九州武士の気質に合ったのだ。

蔵人佐は寛永6年(1629)、90才の長寿を全うしてこの世を去った。「タイ捨流」は徳川期に入っても人吉藩を中心に鍋島藩、秋月藩、平戸藩、大村藩、島原藩、熊本藩などに流布し、広く九州各地で学ばれた。

現在、現存する古流の中で、最も荒々しい戦国の息吹を残した流儀の一つと言えるのである。

52 上田城攻めの七本槍の小野忠明は、首を取らなかった

小野忠明《ただあき》(神子上典膳《かみこがみてんぜん》)(1569/1856〜1628)は、一刀流《いっとうりゅう》創始の伊藤一刀斉《いっとうさい》(1560?〜1653?)の紹介で徳川家に仕えた。

「関ヶ原の戦い」の時には秀忠《ひでただ》(1579〜1632)の軍に従って、信州上田の真田昌幸《さなだまさゆき》(1547〜1611)を攻めた。この時、辻太郎助《つじたろうすけ》(1571〜1615)と一番槍を争い、朝倉藤十郎、戸田半平、中山勘解由、大田善太夫、鎮目市左衛門の六人と共に「上田城攻めの七本槍」と称された。そして3百石を拝領した。しかし、この戦の時に忠明は首を一つも取らなかった。それで人々は「剣道が出来る、出来るって言うが、首一つ取れないじゃないか」と評した。

この評が秀忠の耳に入り「お前は首一つさえ取れないのか?」と聞かれた。忠明は笑って「戦の最中にいちいち敵を押さえて首を掻《か》くなど。手前はその間に外の敵を倒します。己の功名の為に、討てる敵を逃すなど不

心得と存じます。しかし手前の討ちました者は六人でございます。その六人の首には耳の下に手前が討ち取ったという印をしてございますから､直ぐ分かりましょう」と言った。そこで戦場の屍《しかばね》を求めると､忠明の言った通りに六つの首にはちゃんと目印が付けてあったので、人々は大いに感心したと言われている。

性正直で将軍に対しても決して御追従をしない。或る日、家光《いえみつ》（1604～1651）が剣道の事を話していると、忠明が「剣道の事は腰の物を抜いてみぬと分かりませぬ。口で申すはいくら賢《さか》しくても、畳の上の水練でございます」と無遠慮に言ったので、その高慢不遜ぶりに、将軍は不興《ふきょう》気《げ》に黙ってしまった。

同じ様に将軍へ師範をしている柳生宗矩《やぎゅうむねのり》（1571～1646）は「新陰流」から出た「柳生流」である為、稽古には竹刀《しない》を用いたが、忠明の方は昔通りに、刃引きの真剣か木刀をもって稽古をした。そして竹刀の外見華々しいのには反対していた。竹刀が良いか、木刀は良いかは、色々議論があるところで一概には言えないが、「二刀流」は戦場で使うのを主とし、「柳生流」は平常時の勝負を教える事を主としていた。この戦場派と平常派は、ずっと後まで分かれていて、荻生徂徠《おぎゅうそらい》（1666～1728）なども「この頃の剣術は見た目ばかりで戦場での役に立たん。戦場では右へ飛んだり左へと、只進んで自分が斬られるか対手を斬るかの二つに一つだ」と形のいい上手そうな剣道を笑っているが、忠明にはこの感じがかなり深かったのである。

53 斎藤伝鬼房

天流剣の祖—天狗にあやかって流儀を唱えた斎藤伝鬼房の謎

天狗は、人跡まれな深山に棲む事を好まない。彼は何故か人間と接触出来る山に棲みたがる。そして人間に恐れられ、敬まわれ、奉られて悦に入る性《たち》のある、デリケートで人懐っこい魔性である。

戦国時代に、この天狗になる事を夢見た男がいた。ごく自然に見ればこの男は、行者《ぎょうじゃ》か行者崩れであったはずだし、実際に彼はそういう「外術使い《げじゅつ》」であったのかも知れない。しかし戦国史の中に、この男は兵法者として名を残した。「天流」を興した斎藤伝鬼房《さいとうでんきぼう》（１５５０～１５８７）である。「伝鬼房」という名からして天狗的である。天狗の名は、室町時代以後は大抵「房」がつく。身なりも天狗の様でいたいと彼は欲したのか？「羽毛を以って衣服と為す、其体殆んど天狗の如し」。伝鬼房のこれは虚喝《きょかつ》であろう。乱世の兵法者は、こういう「はったり」をかけて、自分を売り込み売り出す事を常としていた。

斎藤伝鬼房は、常陸国真壁郡新井手村（茨城県筑西市明野）において誕生した。幼年より刀槍の術を好み、塚原卜伝に弟子入りして新当流を学んだという。

通説では、天正9年（１５８１）11月、鎌倉の鶴岡八幡宮で参籠中に修験者と出会い、ともに術について語り合い、実際に試合して吟味などするうちに一夜が明けた。伝鬼が修験者の刀術、流名を尋ねると、修験者は黙って太陽を指さして立ち去った。この事から、覚えた秘剣に「天流」と名付けたという。

諸国を修行しながら京に上ると、伝鬼の刀術が評判となり、朝廷から参内《さんだい》を命じられて紫宸殿において三礼の太刀を披露、判官の叙任を受けた。この後入道して井手判官入道伝鬼房と称した。真壁に帰ると、下妻城《しもつまじょう》（茨城県下妻市）主・多賀谷重経《たがやしげつね》（１５５８～１６１８）に教授したのをはじめとして、大名諸士の入門者が多かった。

このころ、神道流の達人として知られ霞流を称した桜井霞之助の、「伝鬼房は増長している」との挑戦を受けて立ち合い、死闘の末に霞之助を惨死させた。ところが天正15年（１５８７）、恨みに思った霞流の門人たちによって暗殺されたという。享年38。

彼の生れた、当時の茨城県協和町井出蛯沢（現・筑西市）で、偶然に彼の子孫と伝えられる老人に出会った研究者が書いている。この老人は「自分が子孫である事を証明するものも無いし、そもそも自分自身も完全にそう信じている訳でもない」と断って、戦後焼却した「二つの遺品」について語ってくれた。

一つは巨大な扇である。その扇は長さ1メートル50センチばかりあって、広げると部分が南蛮鉄で出来ていた為、到底常人が一人で持ち抱える事の出来る「しろもの」ではなかった。確か「松に鷹」を描いた絵柄だったという。もう一つは巨大な高下駄であった。それは横20センチ、縦が30センチの畳張りの下駄で、歯の高さは20センチ、鼻緒は「ビロウド」みたいな感じで色は変色して黒ずんで「けば立ち」が酷かった。これは人間が身につける物とはとても思われないと。由が有って、その品は焼かれたという。

伝鬼房から、数代経た元和3年（1617）に書かれた『天流の伝書』を見ると、天狗の姿こそ書かれていないが「御天狗」と描かれた所に図入りで、何やら「秘太刀」めいたものが暗示されている。ある個所には「太郎房」と、ちゃんと日本の代表的な「天狗の名」が記されている。

伝鬼房の「天流」も、この様に天狗と深い関係にあるのだ。

天流、伝鬼房の死

斎藤伝鬼房《さいとうでんきぼう》の父は、元々小田原の北条氏《ほうじょうし》の小番衆《こばんしゅう》であった。伝鬼房も兵法者として功成《こうな》してから北条氏と接触している。彼を謀殺した真壁闇夜軒《まかべあんやけん》（1550〜1622）は佐竹氏《さたけし》の幕下で、その佐竹氏は北条の侵攻に敵対していた。由に伝鬼房が邪魔者だったと言われているが、また面白いのは、この二人は「霞之助との男色」のもつれからの事件とも伝わっている。

「守《かみ》」がつく剣豪は少なくない。上泉伊勢守《かみいずみいせのかみ》、柳生但馬守《やぎゅうたじまのかみ》、塚原土佐守《つかはらとさかみ》他である。守は今でいえば県知事位の地位である。

「守」の次は「介《すけ》」、そして「尉《じょう》」と等級が下る訳だが、斉藤伝鬼房は剣豪には珍しく、その尉（判官）を受領した男である。郷里の名を取って井出判官伝鬼房《いでほうがんでんきぼう》と自らは名乗った。現代剣道のランクでいえば「守」は範士《はんし》、そして教士《きょうし》と下って、「尉」は錬士《れんし》であろう。しかしその錬士という等級に、この男は誇りを持っていた。不思議な男である。

水戸市から国道50号線を車で45分程行くと岩瀬町、更にそこから旧道に入って10分程すると真壁町だが、その途中、道路の左側に櫻井の不動堂がある。この小祠には昔「怨みの松」と土地の人が呼んだ老松があった。誰が何を怨んだのか？　斎藤伝鬼房が自分を死に至らしめた者たちを怨んだのである。伝鬼房の死は『関八州古戦録』（江戸期享保《きょうほ》11年（１７２６）成立の軍記物）と『本朝《ほんちょう》武芸小伝』（江戸中期正徳４年（１７１４）完成の書物。著者は天道流の達人、日夏弥助繁高）とでは大分話が違う。何れも、話としては、たいして出来が良くないのに閉口する。

『古戦録』では、真壁十八代城主の真壁闇夜軒（暗夜軒）が、高弟の櫻井大隅守《さくらいおおすみのかみ》に伝鬼房が試合を申し入れたのを憎いと思い、士卒を多数差し向けて弓で謀殺した事になっている。真壁闇夜軒は、神道流の小神野越前守《おかのえちぜんのかみ》の門を出て「霞流」を興した、「鬼真壁」といわれた剛将。領内で彼、伝鬼房は兵法者として有名で、それを櫻井大隅守が誹謗した。それで彼が試合を所望、場所は不動堂の前。彼は十文字槍で矢を切り落とすもかなわず、弁慶の様になって息絶えた。

『小伝』の方は、櫻井の子・霞之助《かすみのすけ》が彼（伝鬼房）と試合をして殺されたので、その統の者が集団で彼を襲った事になっている。場所が不動堂の前と、矢で殺された事、槍で奮戦した事などは同じである。闇夜軒は彼が邪魔だったのだ。享年38。二流の兵法者の末路は哀れであった。

54 1万3千石の剣豪、富田越後守重政

中条流の達人に富田《とだ》九郎《くろう》右衛門《えもん》長家《ながいえ》という人があって越前朝倉家に仕えていた。その人の子に治部左衛門景家があり、更にその子に与五郎と与六郎の子があった。この与五郎が、後に富田流を起した富田《とだ》五郎左衛門勢《せい》源《げん》（１５２３？〜？）である。富田と書いて「とだ」と読む。後には「戸田」と当てて、講談などで「戸田流の小太刀」などと出ているが富田と書くのが正しい。勢源が「小太刀」を得意としたのが有名になったものである。

勢源（与五郎）は富田家の当主であったが、目を病んで（難聴とも）隠居し剃髪して「勢源」と称したので、弟・富田治部左衛門景政（与六郎）（１５２４〜１５９３）が家を継ぎ、尾張の国に来て前田利家《まえだとしいえ》（１５３９〜１５９９）に仕えた。景政には実子景勝《かげかつ》（１５２３？〜？）があったが、秀吉が柴田勝家《しばたかついえ》（１５２２〜１５８３）を攻めた「柳ケ瀬合戦」で25才にして討死してしまった。その為に婿養子として、中条長秀により創始された剣術や小太刀、槍術や組み打ちも含めた総合

富田越後守重政

武術「中条流」を本家として伝承する朝倉家臣・山崎景邦（山崎景隆の息子、景家の弟子）の三男を迎えたのが、富田《とだ》越後守《えちごのかみ》重政《しげまさ》（１５６４～１６２５）であった。前田利家、利長、利常の三代に仕えて武功を現し逐に１万３千石に迄上った人であり、中条流の剣豪の一人であり、越後守の官位から「名人越後」と称されて恐れられたのである。

陪臣であるが剣道の家で１万３千石というのは、この人の外に無い。柳生宗矩《やぎゅうむねのり》（１５７１～１６４６）は、大名としての１万２千５百石であるが、この人の事はよく世間で知られているが、富田重政の１万３千石というには余り知られていない。柳生の１万２千５百石はその剣法のみに対してではなく、その政治的手腕に対してである。重政の高禄も、その剣道のみに対してではなく、その武功に対してであろうが、それにしてもよく出世したもので、余程人物が出来ていて前田家の気に入りの人であったのであろう。この人の父・景政が利家に仕える時には既に４千石を領していたというから、父の代からたいしたものであった。宮本武蔵《みやもとむさし》（１５８４？～１６４５）など、わずかに３百俵17人扶持。荒木又右衛門《あらきまたえもん》（１５８４～１６３７）が２５０石というので、如何に富田が偉かったのが分かるのである。

「名人越後」の逸話はそう沢山ないが、ある一日、前田利常《まえだとしつね》（１５９４～１６５８）が「お前の家に無刀取りという法があるか」と聞いた。「ございます」「見せてみい」「小姓が襖から覗いておりますから」。利常が振り向くと、重政は利常の手を握って「無刀取りでございます」と言った。この話は、つまらん頓知話である様に見るのは武芸を知らぬ人で、色々な意味がこの中に含まれている。

第一に殿様は武芸を簡単に見ている。秘伝などは直ぐ分かると考えているのに対して、機智的諷諫《ふうかん》である。第二には利常が「襖が開いている」と言われて、直ぐ振り向く様な粗忽《そこつ》さに対しては、手を握って「これだ」と言っておいてもいいくらいのもので、修業も積まん、人の良い殿様には武の極意の本当は示されないと、重政は考えていたのであろう。

もう一つは「無刀取り」というのは剣の極意で、素手で相手の刀を奪う法という様な、下らんことではなく、刀を持っていてもいなくても相手に対しては同じ態度でいられるという事であるが、それを利常は下らない方へ解釈していたので、咄嗟《とっさ》に示した洒脱《しゃだつ》な方法である。この話で重政の非凡さが分かる。

富田景政の兄（重政の義理の伯父）、勢源。この人は剣技は特に優れていた。佐々木小次郎《ささきこじろう》（１５８５〜１６１２）も門下である。美濃国で鹿島流の梅津某と試合の時、相手は三尺余りの大木刀、これに対して薪の中から一尺四、五寸の一本で対手をし、見事に勝って、「富田流の小太刀」として有名になった。この勢源が好んで「小太刀」を使ったからであった。

55 戦国期六人を相手にして勝った――林田左門

戦争は別として、又、泥棒や博徒《ばくと》を対手にしたのは別として、つまり相当腕の立つ人を対手に戦った話としては、この林田左門《はやしださもん》（?〜?）が「六人対手」にしたのが一番である。

この人は、富田勢源《とだせいげん》（１５２３?〜?）の門人で、黒田長政《くろだながまさ》（１５６８〜１６２３）に仕えていた。松平（黒田）筑前守忠之（１６０２〜１６５４）の家士ともいう。そして足軽頭をしていたが、当時の足軽というものは後の足軽と違っていて、この人たちが戦争の中心勢力であるからとても強く武勇に達した人が多かった。当時の足軽大将と言えば、武勇では第一であった。その足軽が六人、ある日、人を殺して相共に出奔《しゅっぽん》してしまったのである。上から「討て」と言う命が下ったので、左門は馬で追いかけた。その音に足軽が振り向いて「追いかけて来られた以上、我々を討たれるのであろうが、いくら御上手でもそうは行くまい。御身の為に戻んなさい。ここで逢うたとは人には申すまい」。足軽としては六人いるから、気が強くこう言った。

左門は知らん顔をして馬から降りて「とにかく理由を聞かんと、わしも斬りも出来ぬし、考え様もない」と平気で言って近づくと、一人の足軽が「寄るな」と叫んで斬りかかった。左門は「卒爾《そつじ》な」と言うとそれを斬った。その側の一人がそれを見て「何をする」と斬りかかるのを、「手向かいするからだ」と答えてこれを斬った。それで、又一人が斬りかかるのを、手の下に斬り落とした。

こう言うと一人ずつ次々と掛かって来たようであるが、見る見るうちに三人を斬って、それから残りが三人だけになったのを見て、一時に三人を対手にして戦って、二人を斬り一人を生捕った。

ここで眼を付けなければならないのは、最初から「六人一時《いっとき》」にかからせないで「出奔の理由を聞きに来たのだ」と油断させ、又一人に「手向かうから斬るのだ」と答えて手向かわなければ斬らぬと思わせ、こうして残った連中に油断をさせ、そして三人を一人ずつ斬り、残りの三人になった時初めて「一時に三人」を対手にした作戦である。

林田といえども「六人一時」に受けては勝てないかも知れぬ。騙して一人ずつ斬って行くところに「剣客の妙味」がある。

この話は、当時、相当に有名であった。『續武將感状記』など、二、三の本の中に賞賛して書き残されている。

56 関ヶ原の戦い時に、九州で参戦した頃からの宮本武蔵

慶長5年（1600）9月の「関ヶ原の戦い」時には、黒田氏に仕官していた父と共に、宮本《みやもと》武蔵《むさし》（1584？～1645）も、黒田如水（官兵衛）（1546～1604）の軍に従軍した。年18才、「弁之助」の幼名を改めて「武蔵」と称する様になったのはこの前後からであろう。

戦の始まる前に彼は、その同僚と共に崖の上を歩いていた。崖下は、竹藪の切った後で竹の根が切り削ぎになって、針の山の様であった。彼はこれを見て同輩に「もし、この下を敵が通ったらどうするか」と聞いた。「仕方あるまい」。「敵を見かけて竹の根の恐ろしさに、飛び降りんと申すのか」。「勿論《もちろん》。この下へ飛び降りて竹で足を刺されたらそれっきりではないか」。「戦場は、命を捨てる所じゃ」。「命を捨てるところとしても、竹の切

宮本武蔵

り株で命を捨てるのは犬死と申すであろうが」。

こんな会話をして、彼は竹藪の中へ飛んだ。無数の切株の上へ降りた彼は、その足は傷ついた。だが平気な顔をして又崖の上へ登って来た。彼の強情《ごうじょう》さには、人々も舌を巻いた。

それから9月14日、富来城《とみくじょう》（大分県国東市国東町富来浦）を攻めた時、城の狭間から槍で防ぐ城兵。その狭間の一本の槍が中々巧みで、そこへは近づく者がいない。武蔵が「あの槍を取って来て見よう」と言って、その狭間に迫って己の脚を狭間に押し付けた。勿論、槍が脚を貫いた。武蔵はこれを貫かせておいて、狭間に脚を押し当てて「えい！」と叫ぶと槍の柄がポキンと折れてしまった。その力の強さ乱暴さ、人々は呆れた。彼の若い時は、こういう人間離れした勇気があった。

彼の力がどの位強かったについては、こんな話がある。ある人が「旗竿を一本選びたいが、竹を選んで貰いたい」と彼に言った。彼は竹を一本々「ビュー」と振り、その中から砕けない竹を選んだ。竹が砕けるのだからその力の強さ思うべし。13才で、勝負で新当流の武芸者・有馬喜兵衛を投げ倒したのも頷《うなづ》ける。

だが年を経つと悟ってきた。慶長9年（1604）3月、京で吉岡兄弟を討ち込んだので、門人共が試合を申し込んだ。門人は弓矢でも討ち取ろうと数十人集まっていた。約束の場所へ行く途中に八幡の社があった。「武運を祈ろう」と神前に額《ぬか》づき「何とぞこの試合に加護あらせ給え」と祈りつつ社殿に垂れ下っている鰐口《わにぐち》の紐を採ろうとして「ハッ」とした。「神は崇《あが》むべきものであるが頼むものではない。己に頼むべきものがない故に、神を祈るが兵家としては大なる恥辱だ。試合に己の全力を挙げる外に、何の頼むべきものもないはずだ。それに神にすがる様ではこの大事な試合に勝てようか」

武蔵は冷や汗を感じつつ社前を去って「一条下り松」の間に休んでいた。夜は明け出し始めた。唯一人である。「ワイワイ」と近づく声。「何時も武蔵は試合の時刻に遅れるからのう」「今日はそれを利用して十分に兵を伏せておいて引っ包んで」武蔵はそれを聞くと「又七郎。待ちかねたり」と大喝して一刀の下に、又七郎を斬ってしまった。その勢いに門人は雪崩立って、とうとう遠矢を射かけたまま退却してしまった。

慶長17年（1612）4月、「巌流島の決闘」で、宮本武蔵と佐々木小次郎（?～1612）の決闘が行われたとされる。慶長19年12月の「大坂冬の陣」、天満《てんま》橋を挟んで銃撃戦がある。水野勝成（三河国刈屋（刈谷）藩主）は、家康の指示で、上使として戦闘の収拾に出向く。この戦いで、宮本武蔵が勝成の元に参陣し、勝成子・勝俊を守ったという。千姫夫・本多忠刻《ただとき》（1596～1626）は、剣術を好み、元和3年（1617）その頃に天下無双の兵法者・宮本武蔵を迎えて師事し、家士をしてその流儀を学ばせた。また武蔵の養子・宮本三木之助（1604～1626）を小姓として出仕させ、側近としたという。

この時分から武蔵の「心境」は段々深くなって行った様である。晩年は書画をよくした。絵は肥後の矢《や》野《の》三郎《さぶろ》兵衛《べえ》（1598～1653）に師事、水墨画専門に描いている。熊本城主・細川忠利《ほそかわただとし》（1586～1641）の命で達磨や雁を描いている。その他山水、花鳥、人物など様々な画題で描いたものは、この道の「烱眼《けいがん》の士《し》」が見ると、何れも達者なものだそうである。

宮本武蔵は芸術的天才剣客であった。

＊左京区一乗寺花ノ木町の宮本・吉岡決闘地碑の文は、「慶長9年（1604）、剣客宮本武蔵が、吉岡又七郎およびその門弟とこの地一乗寺下り松で決闘したと伝える。この石標はその跡地を示すものである。ただし、江戸時代の地誌類にはこの逸話を記すものはなく、郷土史研究家竹村俊則《としのり》「宮本武蔵決闘地　一乗寺下り松について」（『土車』24号）は江戸時代の随筆「古老茶話」に依り北野一条下り松を推し、これが一乗寺下り松と誤って伝えられたとする」とある。

57（江戸期）剣豪大名・柳生宗矩は、何故沢庵と結託したか

柳生宗矩《やぎゅうむねのり》（1571～1646）が、禅僧沢庵《たくあん》（1573～1646）に剣の上で啓蒙されたのは衆知である。いったい、この二人の付き合いは何時頃から始まったのか、後にあれ程の盟交のあった二人であるが、その初会の年月も場所も全然分からない。

宗矩は、そもそも如何なる目的でこの僧に接近したのか。おそらく沢庵は、宗矩の目には「黄金のかたまり」と映ったに違いない。沢庵は諸国を巡行し、特に京都、大坂の情報に詳しい。そして柳生は家康《いえやす》配下で、情報が欲しかったのだ。家康は柳生に情報収集の任を与えていた。家康は合戦を前には、小心と思えるほどの情報を集めないでは、いられない武将であった。そのあり余る情報の中から選択し、そこから「戦配り」を決めるのが彼の主義で、彼が天下を取る為に必要不可欠の情報基地として目をつけたのが、春日神郷の在地荘官柳生氏の「庄」であった。

隠れ里柳生は京都、大坂に近い、しかもこの一族は、剣も手練《てだ》れ揃いだし忍びも使える。「こんな役に立つ奴らは他にいない」と家康は思った。そして奴らは腹が減っている。自分等のちっぽけな領地を守るのに汲々としている。「よし、この手だ。これで釣るほかあるまい」と、家康は算盤をはじいたのだ。

文禄3年（1594）柳生宗厳《むねよし》（1529～1606）・宗矩の父子を招いて剣技上覧を行い、家康自身入門した。家康はやはり「狸」である。「新陰流」を修めた、この父子の持つ特性を巧みに利用した。「関ヶ原の戦い」の時、豊臣が勝つか徳川が勝つか、彼らの集めた情報は五分五分と教えている。しかし彼等は、家康の強運に賭けた。「見事だ。どうだ。俺に仕えてみないか」と家康が言うと、宗厳は五男の宗矩を推挙した。

柳生は、関ヶ原の戦い、「大坂冬・夏の陣」で大いに働いた。柳生と沢庵という情報ルートが大きくものをいっ

た。柳生は、沢庵の後ろに、うようよしていた商人にも注目した。商人には、金はあるが教養が無い。彼等はその教養を「坊さん」に求めた。その為には何時でも「財布の紐」を緩める。かくて沢庵は、金を動かせる僧なのである。情報集めには金がいる。宗矩が沢庵に接近したのも、もう一つの目的はこれであったのだ。

元和7年（1621）3月、宗矩は後の三代将軍となる徳川家光（1604〜1651）の兵法指南役となり、剣術（新陰流）を伝授する。その後、将軍に就任した家光からの信任を深めて加増を受け、寛永6年（1629）3月に従五位下に叙位、但馬守に任官。さらに寛永9年（1632）10月には、3千石を加増された後、同年12月、初代の幕府惣目付（大目付）となり、老中・諸大名の監察を任とした。有能な官吏《かんり》・為政者として辣腕《らつわん》を振るい、多くの大名家に恐れられ、また頼られた。伊達《だて》氏（伊達政宗）、鍋島氏（鍋島勝茂、鍋島元茂）、細川氏（細川忠興、細川忠利）、毛利氏（毛利秀就）などと親交があった。その後も功績をあげ、寛永13年（1636）8月の4千石加増で計1万石を受けて遂に大名に列し、大和国柳生藩を立藩。さらに晩年に至って、所領は1万2千5百石に達した。一介の剣士の身から大名にまで立身したのは、剣豪に分類される人物の中では、日本の歴史上、彼ただ一人である。友人の沢庵宗彭《そうほう》を家光に推挙したのもこの頃のことという。

晩年は故郷である柳生庄に戻ることもあり、その際、陣屋に家臣や近隣の住人らを招き、中楽《さるがく》・闘鶏に興じるなどしていたという。正保《しょうほう》3年（1646）3月、病が重い事を聞いた家光が見舞いに訪れ、病床の宗矩に新陰の奥義を尋ね、望みがあれば申し出るよう命じた。同月26日、死没。享年76。

遺言によって武州《ぶしゅう》端芝《はしば》で火葬の上、練馬区桜台の圓満山廣徳寺《こうとくじ》に葬られた。その他、沢庵宗彭を招いて開いた奈良市柳生下町の神護山芳徳禅寺《じんごさんほうとくぜんじ》にも墓所があり、京都府南山城村田山の華将寺跡に墓碑がある。また、鍋島元茂・鍋島直能《なおよし》により、現在の佐賀県小城《おぎ》市にある岡山神社内の玉成社《たまなりしゃ》に祀られてもいる。同年4月、その死を惜しんだ家光の推挙により従四位下を贈位された。1万石の身で従四位下の贈位は異例であり、それだけ家光からの信頼が厚かったことを示すものと言える。

子には隻眼の剣士として知られる長男の三厳《みつよし》（十兵衛）（１６０７～１６５０）、家光の寵愛を受けたが父に先立って早世した友矩《とものり》（１６１３～１６３９）、父の死後まもなく没した三厳に代わって将軍家師範役を継いだ宗冬《むねふゆ》（１６１３?～１６７５）、菩提寺芳徳禅寺の第一世住持となった列堂義仙《れつどうぎせん》（１６３５～１７０２）の四男と他二女がいる。

やはり宗矩という人物は底の知れない大人物なのである。

戦国・江戸期の忍者、幻術師たち

58 戦国武将を手玉に取る、果心居士

織田信長《おだのぶなが》、松永弾正《まつながだんじょう》（久秀）、明智光秀《あけちみつひで》、筒井順慶《つついじゅんけい》、豊臣秀吉《とよとみひでよし》、何れも戦国の世の有名な武将である。只し彼らには一つの共通点があるのだがそれが一体何であろうか。彼らにとっては少々不名誉な共通点がある。それは彼らが全員、室町時代に活躍した幻術《げんじゅつ》使い・果心居士《かしんこじ》（?～?）という一人の幻術師に誑《たぶら》かされたという事である。

幻術というのは催眠術か何かを使った一種の奇術であろうと思われる。最もポピュラーな幻術の一つに「馬腹術」（呑馬術）といわれるものがある。これは大勢の見物人の見ている前で術者が馬の尻から馬の中に入り

林義端『玉箒木』より「果心居士幻術の事」

込み、腹を通り抜けて口から出てくるという奇怪な術であった。この幻術、古くは雑伎・散薬・呪師あるいは外術などとも呼ばれ、起源は中国や西域（中央アジア）の方であろうといわれている。

さてこの幻術を巧みに操ったのが〝果心居士〟という怪人物であった。彼の幻術が如何に不思議で面白いものであったか。顎《あご》をそろりと撫でれば、その顎は飴細工のように「とろーり」と伸び周囲の人を驚かす。池の中に笹の葉を散らせば、それはたちまち大魚となって、水の中を泳ぎ始める。勿論《もちろん》、これらは全て幻術であり術が解ければ元に戻るのである。又彼は、剣術も達者であったらしく、戸田出羽という剣法者と試合をして相手を惨々に打ち負かしてしまう。怒った出羽が、弟子8名で取り囲むと「ふーと」姿を消してしまったという。

そして様々な武将からお呼びがかかった。松永弾正（1510〜1577）も贔屓《ひいき》にしていた。その居城・大和多聞《たもん》城（奈良市法蓮町）に彼を招いては、その幻術をよく見た。ある夜、何時もの様に彼と話をしていた弾正は「わしは幾度となく戦場を駆け巡り、何度も修羅場を潜り抜けてきたが。ついぞ恐ろしいと思った事はないが、居士その方の幻術でわしを怖がらせてはくれないか」とからから様に言った。これに対して彼は「かしこまりました。では刀剣類と近習《きんじゅう》の者を下げ、灯を消して下さい」と落ち着き払って答えた。

弾正は人払いをして灯明を消すと、広い座敷に居士と二人きりになった。月の非常に明るい夜である。そのうち居士が立ち上ると「つつう」と広縁の方に出てどうやら庭に降りた様である。弾正は静かに月光の差し込む部屋に一人座していた。「とたん」、明るかった月が急に陰り始め辺りが暗くなったかと思うと、雨がしとしと降り始めた。やがてもの寂しい風が「ひゅっ」と弾正の顔を撫でて吹き過ぎた。

「一体何をする気だ」と、ひょっと見ると、広縁の上に一人の女の影が見えた。髪の長いヤサ細い女である。女は体をよろめかせながら、弾正の前に来ると「どーっ」とその前に座り込んだ。「そなたは誰じゃ」と問うと、女は「もだぎ」ながら「今宵は寂しゅうございましょう。見れば近習の者さえおりませぬが」と親しげに言う。その声に弾正は覚えがあった。それは5年前に病死した最愛の妻の声ではないか。その女の顔を見ればそれは紛れもなく愛しい妻の姿。さしもの弾正もたまらなくなって「居士何処じゃ、もうやめい」と叫んだ。妻の声は男の声になり「ここに居ります」と答えた。見れば女の姿は居士になり、外を見ると美しい月光が。

果心居士は、人々の過去に異様に詳しかったという。それが秀吉の不興《ふきょう》をかい、彼は歴史の表舞台から消えていった。

次は織田信長（1534～1582）との話。居士は京の都の街角で一本の地獄絵を描いた掛軸を人々に見せ仏の教えを説いていた。その絵図は、怖ろしいほど真に迫り、如何にも恐ろしげであったので人々は震えながら見入り、目を背《そむ》けたり顔を覆ったりしつつ居士の話に耳を傾けた。この話は、何時しか信長の耳に入った。彼は家来を遣わすと「掛軸を譲れ」と交渉してきたが居士は応じない。信長は居士を呼び出して直接交渉した。この交渉は、居士が「金百両なら売りましょう」と法外な値を吹っ掛けたので物別れに終わった。

信長は、たかが掛軸一本に百両という大金を払う気はなかったが、自分がこの男に馬鹿にされたのに腹を立て闇討ちして取り上げる事にした。さてこうして信長の手中に入ったが、それを広げてみると真っ白で何も描かれていない。家来に問い詰めても確かに居士の物であると言う。

「掛軸を持って行かれたからには約束の百両を頂きましょう」と殺されたはずの居士が現われて大声で言った。信長は驚き「そなたの掛軸は真っ白で、何の絵図も現われておらぬではないか」と叱咤《しった》すると、居士は「にやり」と笑い「金百両下されば現われますよ」と言う。そして確かに居士に百両を払うと地獄絵図が現われた。怒った信長は居士を牢に投げ込んだ。居士は牢の中で呪いとも恨みともつかない言葉を吐いた。

そしてそれから数日後「本能寺の変」が起こった。

居士は、その最後は秀吉（１５３６～１５９８）の秘密を暴《あば》いた為に、磔刑《たっけい》（はりつけ）に処される事になったが、処刑人に「私はあらゆる幻術を行ってきたが、未だネズミにだけはなった事がない。最後にネズミになってみたいので縄を緩めてはくれぬか」と頼んで、役人が緩めるとネズミに変じ柱の先端に駆け登った。そして天空から舞い下りてきたトンビにくわえられ、何処ともなく飛び去って行ったのだと言う。

秀吉の秘密とは、彼が未だ若かりし頃、戯れに通りすがりの火遊びをして捨てた……しかも、若気の至りで殺してしまった女性のことだったといい、その女の最期の顔は、秀吉の脳裏から一生離れず、事あるごとに思い起こしては悔やんでいたところだったという。

居士の奇怪な幻術の物語は、近世民間怪談を集めた『義残後覚《ぎざんこうかく》（１５９６）』、怪談小説集『玉箒木《たまばはき》（１５７３）』、京都の医師・中山三柳《さんりゅう》の『醍醐随筆《だいごずいひつ》（１６７１）』等に詳しい。

59 聖域に踏み込んだ男の非道―武田勝頼

信玄《しんげん》（1521～1573）の死後、甲斐国の国主となったのが武田勝頼《たけだかつより》（1546～1582）であった。彼は誇り高い若者であったが如何せん父信玄が凄すぎた。彼は亡き父を越える事が出来ずにジレンマを抱えたまま37才で自害して果てている。強すぎる男を父に持った息子の悲劇ともいえるだろうが、勝頼が若死にしたのは、どうやらそれだけの理由ではない様である。

勝頼の生涯を物語るには『甲陽軍鑑《こうようぐんかん》』や『甲乱記《こうらんき》』などであるが、この中で勝頼像というのは偉大な父の影で四苦八苦した挙げ句、旧臣たちに見離されて滅んでいった悲劇のヒーローといったところである。彼は諏訪明神の申し子という、神聖かつ美しいイメージに彩られてこの世に生を受けた。そしてその最期は、甲斐源氏の末裔であった事から源　義経《みなもとのよしつね》（1159～1189）の最期と重ね合わされて語られるのである。

彼は天目山《てんもくざん》の麓で妻子と共に自刃した。それは信長《のぶなが》（1534～1582）と家康《いえやす》（1543～1616）を敵にまわして戦った、天正3年（1575）5月「三河長篠《みかわながしの》の戦い」で大敗を喫して7年後の事である。彼は織田信忠《おだのぶただ》（1555～1582）に敗れ天目山《てんもくざん》へと敗走するのだ。

ところで、この天目山が「魔所《ましょ》」と呼ばれる聖域であったという事を知っている人は少ないのではないだろうか。そして勝頼はこの天目山に踏み込んで「山の主」の怒りをかっていたという事実も。それは宮負定雄《みやおいやすお》（1797～1858）の『奇談雑史』に詳しく語られているのである。それを語って見よう。

『ある夜の事、御伽衆《おとぎしゅう》が悲しげな怪談話をしているところへ、勝頼が口をはさんだ。「そなたたちの話をしている妖怪というものは一体どこにいるのだ」。この問いかけに、御伽衆の一人が「我が国では天目山が魔所と呼ばれております由、現れるとすれば天目山でございましょう」と答えた。さてその年の秋、家臣の曲瀬所《まがせしょ》左衛門《ざえもん》が夕刻、一人で天目山に向かっていた。彼はかねてより気になっていた魔所の見分《けんぶん》を行う為、天目山に登る事にしたのである。天目山の聖域は「口の堂」「中の堂」「奥の堂」とされているのだが、その途中には参詣人の為の茶屋まで設けてある。彼は暮れなずむ参道をさっさと茶屋迄登って行ったのであった。茶屋迄登りついた曲瀬の前に、18才位の小僧が「夜の参拝は無用ですよ」と慌てて言いに来た。曲瀬はこれを一蹴するが、何故か小僧も必死になって譲らない。そうするうちに言い合いになり、小僧は「そうまで言うなら口の堂迄にして下さいよ」と言うが、曲瀬は納得しない。「それならば」と、小僧はそれまでと一変して、人間の首を鉄火箸で刺し貫いた物を出した。「言う事を聞かぬと、お前もこうなるぞ」と脅した。小憎に、腕に覚えのある曲瀬も負けじと、小僧の脅しをはねつける。曲瀬がどうしても参詣を止めないと判った小僧は「私の責任になるのですよ」と泣きついて、ついに「口の堂」迄の参詣を約束させた。どうやらこの小憎は「山の入口の番人」だったらしい。小憎と別れて「口の堂」迄登った彼は、一人の女が一心に拝礼しているのを見

武田勝頼

かけた。その女の顔には、口も鼻も耳もついていない皿の様な面に目が一つポンとくっついているだけである。彼が女から「口の堂」の掛物の絵像に目を移すと、そのダルマはまるで生きているかの如く、払子《ほっす》を振りながら、目をくるくると廻している。「おかしな場所だな」と思った曲瀬は、小僧との約束で「奥の堂」迄行きたいがと思いつつ、山を降りた。

この話を聞いた勝頼は、魔所と呼ばれる天目山探検に本腰を入れる事にしたのである。家臣の中で豪の者といわれる岡田左門三郎が勝頼の命で天目山へ赴く事になった。彼の任務は天目山の奥の堂まで見分してくる事である。その夜、天目山に登った岡田の前に、曲瀬の体験した怪異は起こらなかった。彼は夜道を「中の堂」へと急ぐが堂に着いた途端、怪しげな声が山中にこだました。「この密所に足を踏み入れた者は、必ず一命をとってやろう」。岡田が声の主を探ると、そこには80才位の威厳のある山伏僧が立っていたのである。

下山した岡田はこの事を勝頼に報告するのだが、その時「話し終えた時一命をとると言われました」と言うのを忘れなかった。戦場では鬼神の様な強者が本気で怯えていると見たのか、勝頼は堅い長持の中に岡田を入れ、その周囲を一騎当千の勇者たちで守らせると話の続きを促した。しかし岡田が「では」と語りかけた途端「約束通り命はもらった」という声が辺りに陰々と響きわたった。それと同時に長持の中の岡田の肉体が頭はこちら、手足はあちらと天井からバラバラの小間切れになって投げ込まれた。長持の中に残ったのは髪の毛と、腰に佩《お》びていた刀だけである。

これを見た勝頼は激怒した。只一人で天目山へと向かった。国主を迎えて天目山の僧侶は「奥の堂」への案内は恐ろしがってこれを拒んだ。勝頼は「案内などいらぬ」と「奥の堂」に進んで行った。しかし不思議な事に何の怪異も現れなかった。拍子抜けした勝頼は「口の堂」に降りて行き、そこで琵琶を弾している一人の法師を見付けるのである。彼は何を思ったのか法師と四方山話《よもやまばなし》を始め、法師が懐から取り出した「温玉」に目が入った。この温玉も妖怪のアイテムだった。この法師は「山の主」であった』。

勝頼は、何故上杉氏や北条氏、真田《さなだ》氏の支援を受けずに、裏切りが続く自国内をそして天目山を目指し、そこが悲劇の舞台となってしまったのか？

天目山の怪奇か何かが、関わったかも知れない。

60 スパイはしても、スパイは国に入れるな！

「応仁《おうにん》の乱」後の混乱戦国期に、越前の朝倉敏景（孝景《たかかげ》）（１４２８～１４８１）は、その「分国法」の中に「一・世の中が平穏なときも、諸国に目付をおき、様子をうかがわせること……」という決まりを作り、敵方の国から流入した者を下人として使うことを禁じ、また「浪人を抱えたり」「他国と手紙」のやりとりも領主の許可を必要とすると定めた。また、小田原の北条早雲（１４５６～１５１９）も謀略を用いて「盲人をスパイ」として送り込んでいた。さらに「山口の大内氏」は、虚無僧《こむそう》などの渡り者を城下町から追放し、巡礼も５日以上留まることを禁じた。

こんな中、合法的なスパイとして「連歌師《れんがし》」が活躍していた。諸国を旅する一見「風流三昧《ざんまい》の生活」のように見える彼等は、諸大名の所を渡り歩き、文化衆の様な表面の顔で、情報を提供するスパイとして活動していた。連歌師・宗長《そうちょう》（１４４８～１５３２）は有名である。そして信長の時代になると、これと共に茶道が登場してくる。明智光秀が本能寺の変の前に愛宕山《あたごやま》で連歌の会を開催している。これも連歌師から情報をとる会であったのではないかと思われるのは筆者のみだろうか。

61 軍配者を育成する、足利学校とは

軍配者を育成する、最高教育機関が下野《しもつけ》の足利《あしかが》学校である。その創始は定かではないが、永享《えいきょう》11年（1439）に関東管領《かんれい》・上杉憲実《のりざね》（1410？～1466）が再興し、初代庠主《しょうしゅ》（校長）に易学の権威の快元《かいげん》（?～1469）を、鎌倉円覚寺から招いた。この学校では教授も生徒も、禅僧が多く、天文、易、占い、陰陽道《おんみょうどう》など呪術的《じゅじゅってき》教養が重要視されたという。卒業者は各地の武将の元に就職した。徳川家康の宗教ブレーン、天海僧正《てんかいそうじょう》（1536？～1643）も卒業生だった。

軍配というと現在では大相撲の行司の手にする団扇と連想するが、その起源は呪具《じゅぐ》である。戦国武将達は団扇に易学で使う、十二支や日、月、星などが書かれた軍配団扇を戦場に持参して、吉凶を占った。扇子も、古来から、魔を祓《はら》う呪具だった。芸能者が舞扇《まいおうぎ》を大切に扱うのはこの辺りからきていると思われる。同様に武将達も軍扇を持ち、それで悪日を吉日に変えていたという。武将達は出陣前には必ず各々尊敬している軍神に戦勝祈願を行っていた。軍神は絶えず死を目前にしている武将の唯一の心の支えであり、その数は9万9千の戦の神と多いのであった。著名な軍神としては、毘沙門天、魔利支天、妙見菩薩、勝軍《しょうぐん》地蔵、飯縄《いいづな》権現、不動明王などがある。各陣営や本拠地の氏神も軍神となった。自ら神と名乗った織田信長でさえも、不動明王を軍神に、「伊東法師」という呪術的軍師を側に置いたという。軍神の中でも陰陽道につながる妙見菩薩と愛宕山の勝軍地蔵は、武芸や武士道に大きな影響を与えた。

武将達が競って派手な鎧《よろい》、兜《かぶと》を身に付けていたのは単なる派手好きでは無かった。鎧、兜に自分の軍神の名前や紋章を入れ、いざ死にそうな時に神様から良く見えるようにしたらしいのである。又、出陣の日も、おみくじで決めていたと言われる。「おみくじ」を考え出したのは、比叡山の僧・元三大師《がんざんだいし》良源（912～

985）で、神の御神託を、おみくじにしたのであった。

こんな武士達の隆盛を陰で支えたのはスパイだった。これらは忍者、芸能人、同朋衆《どうぼうしゅう》、商人など様々な職種で組織された異能集団だった。日本で始めて忍者を養成し使用したのは、聖徳太子であった。太子は大陸伝来の忍者と関係を持ち、大伴《おおともの》細人《さびと》という人物を、志能便《しのび》に使ったという。その流れが甲賀忍者である。その一方、伊賀の主流服部氏は、秦氏《はたうじ》の流れであると言われている。物まねも忍術の一つである。申楽師《さるがくし》達は、時として密命で行動し、例えば、伊賀忍者と織田信雄《のぶかつ》の和睦の仲介に、奈良の大倉五《おおくらご》郎次《ろうじ》という申楽太夫を使っている。戦国期の面白い一面である。

更に、こんな面白い話もある『日本巫女史《にほんふじょし》』を読むと、戦国大名の名将・武田信玄が巫女《みこ》を保護し大いに合戦に役立てたという事が分かった。巫女は呪いの神通力を持ち、吉凶《きっきょう》を判断するのが本職である。武将にとって合戦は生死の境目であり、大いに縁起を担いだのは当然であった。そこで出陣には巫女を伴い敵と対陣したら、先ず巫女に戦いの吉凶を占わせた。敵側でも同じく占わせており、易では凶の日が決まっている為、駄目な日は双方とも戦を仕掛けない。いわば自然休戦の日となるおかしな現象も起こっていた。この軍勢に着いて歩く巫女を「御陣女郎《ごじんじょろう》」と言ったが、慰安婦でもあったのだ。

甲斐の信玄は早くから、越後の上杉謙信が好敵手であった。何度も信州で戦ったが勝負はつかない。そこで浅間山辺りに巫女村を作り、スパイとして越後の情報を探らせた。迷信深い信越の農村では何の警戒心も無く巫女を招いた。この様に信玄の耳には多数の情報が入った。

『日本巫女史』に拠れば、その巫女村は小県郡《ちいさがたぐん》祢津村《ねつむら》（長野県東御市《とうみし》祢津）とある。浅間山の麓だ。その村長とも言うべき巫女頭（ノノウ頭）に、信玄は龍朱印のある保証書まで与えておりその全文が載っている。

現在は、巫女の家が並んだ「ののう小路」や墓が残る程度で当時の面影を見ることは出来ない。

62 風魔一族

乱世戦国・陰の軍団、「鉢屋《はちや》の一党と、風魔一族」―「尼子の月山城攻め」

空也上人

忍術は朝鮮半島を経由で日本に伝来した。甲賀に来た帰化人により、その後研究され発展し日本の忍法になり、甲賀集団と成長していった。平安、室町時代に忍術を駆使した人たち、忍者集団には、帰化人の子孫が多いのは当然である。まず「鉢屋一党」も帰化人の末裔である。はじめは京洛を中心とし近畿地方に跳梁《ちょうりょう》した盗賊集団であったが、その後、空也《くうや》上人に教化されて〝盗賊追捕《ついぶ》〟の役を専業とした忍者集団となった。空也上人に説教され改心し、茶せんなどを作るようになり、茶せんを売るときに鉢をたたいて売ったことから「鉢屋」と呼ばれるようになった。やがて一族は各地に分散するが、鉢屋の一党の史実に残る城攻めは、富田の〝月山城《がっさんじょう》攻略〟である。尼《あま》子経久《ごつねひさ》（1458～1541）が、文明17年（1485）、京極氏に奪われた月山城攻略を企てたとき、尼子の旧臣は60名のみで手薄であった。経久は流浪中に知り合った〝鉢屋の一党〟に応援を求め、70余人の加盟を得て、同年12月末日の夜半、経久と尻子勢は、城の搦《から》め手に忍んで待つ。一方、鉢屋一党は、赤い素袍（素《す》襖《おう》）の寛衣《かんい》をまとい、下に着込んだ具足や武器を覆い隠して、万歳《まんざい》、鳥追い、曲芸師等に扮装して大手門に近づき、元旦の朝、笛、太鼓、四ツ竹を打ちならし〝千秋万歳《せんずまんざい》〟と、囃《はや》し立て舞い踊った。城中の兵が珍しがって、大手門に集って見物し、正月気分に浸っている隙に、尼子勢は城内に乱入し、城のあちこちに火を放って斬りたてた。混乱する城兵の中を、鉢屋の一党も武器をとって乱入し、城主は自刃し富田《とだ》月山城は陥落した。経久は、それから領地を拡大していくが、孫の晴久の時代になってから毛利元就《もとなり》に滅ぼされてしまう。以後の鉢屋一党は、不明である。

乱破風魔一族のゲリラ戦法

北条氏五代に仕えた、乱破風魔《らっぱふうま》一族、この中の風魔小太郎のゲリラ戦法がある。この風魔小太郎も、異国人の子孫か帰化人の末裔であったと思われる。五代目風魔小太郎は『北条五代記』（後北条氏の五代（早雲・氏綱・氏康・氏政・氏直）の逸話を集めた書、全10巻）によると「それ風摩は二百人の中に有てかくれなき大男、長七尺二寸、手足の筋骨あらあら敷、こゝかしこに村こぶ有て、眼はさかさまにさけ、黒髭にて、口脇両へ広くさけ、きば（牙）四つ外へ出たり。かしら（頭）は福禄寿に似て、鼻たかし。声を高く出せば、五十町聞え、ひきくいだせば、からびたるこえ（声）にて幽《かすか》なり。見まがふ事はなきぞとよ。」とある。

天正9年（１５８１）甲斐の武田勝頼が、甲斐、駿河、信濃三ヶ国の軍勢を催し、伊豆を攻めてきた。五代北条氏直は外戚にあたる徳川家康と結んで、関八州《かんはっしゅう》の兵を動員して迎撃した。黄瀬川《きせがわ》（狩野川《かのがわ》）をへだてて、武田勢は駿河〝三枚橋〟から浮島ヶ原の線に布陣し、北条勢は伊豆〝初音ヶ原〟と〝三島《みしま》〟の線に布陣した。世に「黄瀬川合戦」と云われる。風魔乱破２００名による有名なゲリラ戦法である。乱破部隊は四手に分れ、小太郎の指揮で、毎夜の様に激流を忍び渡って勝頼の陣営に夜討をかけた。その方法は巧妙であった。例えば、ワラ人形を乗せて馬を武田方の陣に度々《たびたび》放つ。敵襲と驚き騒ぐ武田方も度重なると、またワラ人形か……相手にしなくなる。それを見計らい本当の奇襲をかける。武田方の馬を盗んで帰る時や引き上げる時、馬の横腹に張りついて身を隠し乍《なが》ら疾走するので、射ることも出来ないし馬が勝手に集団脱走するのかと思われる状態であった。『北条五代記』には、次の様な風魔ゲリラ戦のすさまじさを書き残している。

「勝頼の陣場へ夜々に忍び入て、人を生捕、つなぎ馬の綱を切、はだせ(肌背)にて乗、かたはらへ夜討して分捕・乱捕し、あまつさへ爰《ここ》かしこへ火をかけ、四方八方へ味方にまなんで紛れ入て鬨音をあぐれば、惣陣さはぎ(騒ぎ)動揺し、ものゝぐ一りやう(物の具一領)に二・三人取付、わがよ人よと引あひ、あはてふためきはしり出るといへ共、前後にまよひ、味方のむかふを敵ぞとおもひ、討つうたれつ、火をちらし、算を乱して、半死半生にたゝかひ、夜明て首を実検すれば、皆同士軍して、被官(家臣)が主をうち(討ち)、子が親の首を取、あまりの面目なさに、髻をきり、さまをかへ、高野の嶺にのぼる人こそおほかりけれ」。

63 無駄足だった島原の乱に従軍の忍者たち

寛永11年(1624)将軍家光が上洛した際、甲賀忍者中の名家である岩根甚左衛門、岩根勘兵衛、夏見角介の3名は、老中松平伊豆守信綱《のぶつな》を通じて「ツグミ五竿」を献上している。これは伊豆守を入口にして幕府に取り入る布石である。当時は〃関ヶ原〃〃大坂の陣〃の両役で敗北した西軍(豊臣方)の大名に属していて失脚した浪人たちで一杯であった。反幕の気運を秘めて、ひしめいていた。

寛永14年(1637)10月末、九州肥前国、島原のキリシタンたちは、弾圧と貧窮に耐えかねて〃小西家浪人〃たちの使嗾《しそう》によって一揆を起した。「島原の乱」である。年内にただちに「鎮圧」出来ると、幕府は見くびっていた。〝農民一揆〟が以外にも手強く鎮圧出来ず、翌年、幕府は松平信綱（１５９６〜１６６２）を島原に派遣した。在郷の甲賀忍者のうち、10名の忍びの者は偉勲を顕わして仕官の道を開く絶好のチャンスと、新規に総司令官として島原に赴く〝松平伊豆守〟の一行を江州水口《ごうしゅうみなぐち》に待ち受け従軍を願い出た。伊豆守は参戦を許可し、10名の〝甲賀忍者〟を従えて西下した。待ちにまったこの上もない〝チャンス〟と、この忍者たちは勇躍して島原を目指した。水口町から同行した甲賀組は、老中直属の忍び同心となり、組頭は岩根甚左衛門56才、副組頭は2名で岩根勘兵衛45才と夏見角助41才であった。現在、甲賀に残されている古文書『肥前切支丹一揆由緒書案』によれば〝原城〟攻防戦においての甲賀忍者10名の活躍が詳しく書に残されている。甲賀では、この10名の働きを抜群の功績と高く評価し自賛しているが、幕府からは恩賞も受けず、忍びの者に対する救済の沙汰《さた》も全く出されなかった。10名の忍びの者が命がけで行った大きな危険な働きも、負傷し40日余の看護を要する手傷の犠牲も、報いられることの無い徒労の従軍だった。

〝忍びの者〟が天下に喧伝《けんでん》された、華々しい昔を今にと願った「甲賀忍者」の技術が、昔に比べて劣っていたわけではなかった。しかし、彼等の働きは偉功《イコウ》に結びつかなかったのは、〝島原の乱〟の特殊性や〝原城〟の狭さなど色々な理由があったのではあるが、まず第一に考えられるのは、時代の移り変わりではないかと思われる。忍術には、始計六ヶ条という事前の布石を重要とする術策がある。これが「戦国時代」であったなれば、不穏《ふおん》の空気を察知して肥後国に「クノ一」（女忍者）や穴丑《あなうし》（世話人）、小西家浪人、農民、キリシタンに化けた〝忍びの者〟をいち早く潜入させておくのが〝忍びの常識〟であった。この布石があれば、原城に立て籠もる〝ドサクサ〟に紛れて、城内に仲間の忍びを潜入させることができたであろう。城内の仲間がいれば色々と活躍できたはずだが、城内に「甲賀出身者」や「系統者」は居なかった。また、従軍した10名の〝忍びの者〟は、天草《あまくさ》島原地方の方言を使えなかったと云うマイナス点もあり、活動は出来なかったのだ。また、キリシタン教徒と農民の一揆の戦いで、始計に手ぬかりがあったことは、否定できない事実であった。幕府は、もはや忍術は実戦に役立たぬものと認めたのであった。その後、寛政元年（1789）寺社奉行松平輝延《てるのぶ》（1776〜1825）を頼って訴状を提出し、忍術書『万川集海《まんせんしゅうかい》』を献上した就職運動も、遂に効を奏しなかった。

戦国逸話

64 戦国武士はどうして〝氏〟を決めたのか

氏《うじ》の名が、古代の戸籍に載っていたような公式の血族集団の名であったのに対して、名字は平安期以降、武士が自分で、「氏だけに用いた私的な呼び名」であった。これが次第に親から子へ受け継がれる様になり「氏の役割」を果す様になったのである。〝名字〟の多くは、その武士のゆかりの地名が使われている。足利氏は源氏の臣下の集団で「足利」に居た氏族であるし、江戸城を造った「太田道灌《どうかん》」は、祖先は源氏の源三位《げんざんみ》頼政の一族で、五代前の資国《ただくに》が丹波国桑田郡太田郷（京都府亀岡市）に居住していたので太田と名乗った。源頼政は、大江山（丹波）の鬼退治で有名な源頼光の子孫で、頼光以来丹波の地を領国としていたが、治承4年（1180）「治承《じしょう》の乱」で高倉宮（以仁王《もちひとおう》）と共に平家打倒に立ちあがり滅亡した。資国はのち相模（神奈川）に移り、名字は変えず、道灌以後の子孫に伝えた。道灌の玄孫《やしゃご》と伝える姫が、家康の有名な側室「お梶の方」（英勝院）（1578〜1642）。この方は「御秘蔵様」といわれ、家康晩年の最愛の女性である。彼女は没落寸前であった太田氏を近世大名として、明治の世まで生き残らせた。

65 京の戦乱で活躍した足軽衆と上京の文化衆団

洛中洛外の足軽衆、京の戦乱で活躍の目立ったものは、何といっても「足軽」と呼ばれる歩兵集団であろう。その名の如く迅速に転戦するのを旨として、彼らは多くは京都周辺の農民の出であった。甲《かぶと》も着けず、胴巻一つの軽装でただ一本の刀を振りかざし、五人又は十人の集団を組んで、敵のスキを突き攻撃するのを得意とし、文字通り、白兵戦《はくへいせん》を演ずるのである。騎馬武者の一騎打ちの戦闘の行われていた鎌倉期や平安後期には無かった存在の戦闘員であった。戦国初期にこの集団が現れ出して、「応仁の乱」には人目をひく大きな活躍を示した。しかも彼らは目先の判断もすばやく動き、戦闘でも、これは不利と見れば逃げることも「恥とあらず」をモットーに動き、戦闘を展開して行った。「応仁の乱」の京の焼亡《しょうぼう》に彼らの果たした役割は大きかった。京洛の中での略奪放火の主役は、東軍、西軍両方の軍兵となった「足軽」であった。醍醐寺の放火や、真如堂の破壊と、京都の社寺の多くが彼らによって破壊された。文明3年（1471）正月、下京の八条辺りに「馬切衛門五郎《えもんごろう》」という名の足軽大将がやってきた。「遍照心院領《へんじょうしんいんりょう》の者也」といわれた足軽大将は、東寺領であるこの地域に足軽の募集にやってきている。洛中洛外での度重なる戦闘では、こうした兵員の補充を必要としたのである。京都市北区に小山《こやま》という地名が残るが、当時、戦死者の死体の山が〝小山《こやま》〟の様に積み上げられていたのでこの地名になったといわれている。これ程多くの戦死者が出たのであった。

八条近辺から「足軽」になったものが多くいたのである。東寺増長院《ぞうちょういん》の五郎次郎《ごろうじろう》や宝輪院《ほうりんいん》の力者《りきしゃ》の徳松《とくまつ》も「足軽」になったと記録に残っている。これが京町衆の自衛力の基となっていったのであろうと思われる。「天文法華《てんもんほっけ》の乱」では、比叡山の僧兵と京町衆の一大決戦が激しく戦われ、歴史の一頁を飾っている。

66 土一揆も「下剋上」の一つであった

応仁の乱（1467～1477）の後、畿内の有力守護大名・細川氏は、三好氏に支配地を奪われ、また三好氏は松永氏にとって代わられた。周防《すおう》（山口県）の大内氏は陶《すえ》氏に、陶氏は毛利氏に敗れた。戦国時代によく繰り返された支配者の交替を「下剋上《げこくじょう》」という。

下剋上の語の意味は社会の秩序からみて、下の者が上の者に勝って地位をおびやかすことで、新しい戦国大名の台頭の場合だけでなく、「土一揆」などが徳政を叫んで立ち上った時にも、これらの人々をこれは好ましくないと思う人々によって使われた。例えば正長《しょうちょう》元年（1428）の「正長の土一揆」に対して「□正長元年九月、一天下の土民蜂起す。徳政と号し、酒屋、土倉、寺院等を破却せしめ、雑物等恣《ほしいまま》に之を取り、借銭等悉く之を破る。官領、之を成敗す。凡そ亡国の基、之に過ぐべからず。日本開白以来、土民の蜂起之初めなり。」と『大乗院日記目録』（奈良興福寺の門跡寺院である大乗院に伝来した日記類を書物。全4巻）に記されている。この支配者の嘆きを笑うが如く、その後も一揆は続き、嘉吉元年（1441）6月の「嘉吉《かきつ》の乱」では、室町幕府六代将軍足利義教《よしのり》が守護の赤松氏によって殺され、さらに戦国時代と云う典型的な下剋上の世に入って行った。

67 戦国ハイテク集団、穴太衆《あのう》

筆者は、先日「町作り」の仕事で京都府亀岡市に訪れた。まず駅前の亀山城跡へ、これは明智光秀が坂本城に続いて力を入れて築城した城で、昭和期、大本教が城跡を買い取り教団本部を設けたが、「大本事件」の大弾圧で、大量のダイナマイトで大破壊された。しかし本丸跡には見事に穴太《あのう》積みの、美しく〃ソリ〃のかかった城壁が残っていた。市内の城下町も昔のままで残り、寺町、町家と一帯となって美しい街並みが残っていた。温泉はあるし城はあるし、京都駅から30分、今、外国人観光客の一大ブームの京都。外国人向けの大きな「町起こし」の要素があると京都府に提言した。

さて、荒々しさのなかに、調和のとれた美しさを持つ〃穴太流〃の石垣積み。京都市内には二条城に本当に美しい姿で残っている。穴太衆が〃穴太〃を職名として石垣を積み始めたのは、安土築城の始まった天正5年（1577）前後からである。まだ固有名詞は無く〃穴太衆〃という集団で、普請《ふしん》に従事したのだろうが、やがてその中に、丹後だの駿河だの参河（三河）、出雲というふうに、国名を冠《かん》した者が現れる。それは指導的地位にある者の一種の通称であると共に、彼の率いる一グループを示していると考えられる。彼等は、その通称名に寄って諸国へ招かれていたらしい。

丹波篠山《たんばささやま》の築城の際、甲州の穴田より、筑後、三河、駿河などという石垣師が派遣されている。穴田は〃穴太〃の事である。更に幕府をはじめ、諸大名に「穴太方」が設けられ、その職掌をもって家臣に取り立てられる者も出て来た。家臣仕えすれば、当然ながら姓名を持つ。多くの名乗りは戸波《となみ》姓である。

加賀藩士・湯浅祇庸《やすつね》（1785～1860）の著した『藩国官職通考』には御普請奉行配下に〃穴生〃の項があり次のように述べてある。「穴生《あのう》は元来、江州の地名、穴生、戸波、正木として三ケ村より石工に名のある者出たり。其の輩を召出され、苗字もなくして穴某、戸波某など、その出所の地名を何となく唱えるという。その後、他にも召し出され、自然と他苗も唱え出来初める」。

幕府の〝穴太頭《あのうかしら》〟に両家あって、一つは戸波惣兵衛家で、先祖は「駿河」を名乗った。これが江戸開府以来の公儀「穴太頭」である。

司馬先生も「街道をゆく」で、湖西の北小松村の石垣をこう書いておられる。「この村の中の溝をのぞいて、みな暗渠《あんきょ》になっているのである。上代《じょうだい》からのものらしいが、その石垣の技術はどこからきたものであろうか。そのカギは新羅《しらぎ》社や韓崎《かんざき》、和邇《わに》、楽浪《らくなみ》の地名の中に隠されている。〝石組み〟については坂本あたりの穴太という土地で「穴太の黒鍬《くろくわ》」といわれ、戦国期の土木工事で活躍した。戦国末期、諸国の城が土塁《どるい》から石垣に変り、穴太《あのう》の技術者の需要が大いに上った。湖東の安土城の石垣作りには、この「穴太の黒鍬」が、村中一人残らず駆り出されて行ったのだろう。「穴太の里」の歴史は古い。千年以上前に成立した『延喜式《えんぎしき》』にも重要な駅として指定され、駅馬が五頭おかれていたという。それより古く成務帝《せいむてい》(140～190)の頃、ここに都があり「志賀高穴穂の宮《しがのたかあなほのみや》」と称されていたという。「志賀高穴穂の宮」を作る土木技術は穴太人が担当したのだろう。天智帝の「滋賀大津宮」の時も活躍したであろう。その技術は、地元の農業灌漑《かんがい》にも生かされ、戦国期のハイテク集団となった。その技術はなお、この古色を帯びた北小松の漁港設備や溝にも生かされている。「穴太の黒鍬」の技術はたいしたものである」。

司馬先生(司馬遼太郎)は高く評価され「街道をゆく」第一号に書いておられる。

68 太田道灌が最後に発した一言

有名な太田《おおた》道灌《どうかん》（1432～1486）の最期の言葉は「当方滅亡」だという。「こんな事では自分の属する勢力上杉家もおしまいだ」といった意味になろうか。

道灌は関東管領上杉家の一族扇谷上杉の家老の家に生まれ戦乱に明け暮れた。十五世紀後半に一生を送った武将である。江戸城を造り、多くの戦に勝ち、和歌の道にも通じる人で、人気は抜群であるが身分そのものはさほど高くはない。

太田道灌

道灌は文明18年（1486）7月26日、現在の神奈川県伊勢原市にあった主君・扇谷上《おうぎがやつうえ》杉定正《すぎさだまさ》（1443～1494）の館で入浴中、定正の命を受けた家臣曽我兵庫の手で殺された。定正の手紙によれば、道灌に謀叛の心があったのでこういう事になったという。

その後、扇谷上杉家は、山内上杉家と衝突し合うようになる。世に言う〝長享《ちょうきょう》の乱〟の勃発である。定正は古河公方《こがくぼう》足利政氏《まさうじ》と結びつき、山内上杉氏は越後上杉氏と組んで対抗した。

そうした抗争のさなか、明応3年10月5日、上杉定正は呆気ない最期を遂げる。馬から落ちて死んでしまうのである。定正は伊勢宗瑞《そうずい》（北条早雲）（1432／1456～1519）と共に武蔵国高見原（埼玉県大里郡寄居町）に出陣して山内上杉顕定《あきさだ》（関東管領）（1454～1510）と対陣するが、荒川を渡河しようとした際に落馬して死去したのである。享年49。太田道灌の亡霊が定正を落馬させたのだとする伝説がある。

自分の尽くした主君からこの様な仕打ちを受けた事で、道灌の人気は頂点に達したと言えよう。

歴史に名を残した人物が最期に言った言葉には素晴らしいものが多い。大抵は辞世の句や、ちょっと長い言葉だから、道灌の「当方滅亡」は簡潔明瞭な点では他の追随を許さない。どんな経緯《いきさつ》で、こういう言葉が伝わったのか、短いから本当に死の直前に言ったのだろうか？

69 「あの男の門前に馬をつなぐ」、斎藤道三の予言

織田信長（1434～1582）の、あの噂どおりの「うつけ」と見せかけた見事なパフォーマンスに、斎藤道三《さいとうどうさん》（1494～1556）は、なす術もない。

この時の呟きが斎藤家の将来を予言する言葉となった。如何にも蝮《まむし》らしい。言葉がねじれているのは、如何にも「蝮の道三」らしい。そしてその一言が、土岐氏《ときし》以来の美濃国の凋落と斎藤家の落日を悲しいほど見事に予言していた事になる。

「やがてわが家の子等は、あの男の門前に馬をつなぐ事になるだろう」。

いずれ斎藤の家運は傾き、私の息子たちは「たわけ殿」と呼ばれる、あの信長の家来となって織田家の門前

に駒をつなぎ服従を誓う事になるに違いないと言っているのだ。

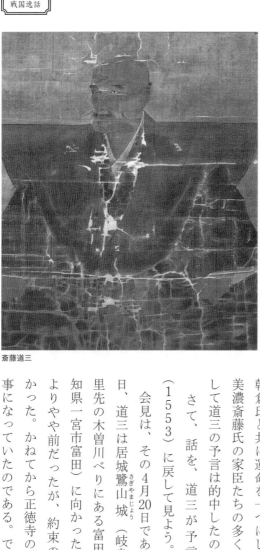

　この後道三は、弘治《こうじ》2年4月、長男の義龍《よしたつ》（1527～1561）と長良川《ながらがわ》で戦って敗死し、その義龍も信長と争った後、永禄4年5月、病死した。孫の龍興《たつおき》（1548～1573）も、その後6年も信長と戦い、次第に利を失った。後、永禄10年（1567）8月に、本拠地の美濃稲葉山城を信長に奪われてしまう。それから龍興は美濃を去って浪人となり、永禄12年1月には、三好三人衆（三好長逸《ながやす》・三好政康・岩成友通《いわなりともみち》）らと共に、足利義昭の御座所である本國寺を攻撃した。元亀《げんき》元年（1570）8月の第一次石山合戦にも参加して信長と戦う。その後は越前の朝倉氏の元に身を寄せていたが、天正元年（1573）、信長と戦って滅亡した朝倉氏と共に運命を一つにしたのである。こうして美濃斎藤氏の家臣たちの多くは信長に従った。はたして道三の予言は的中したのである。

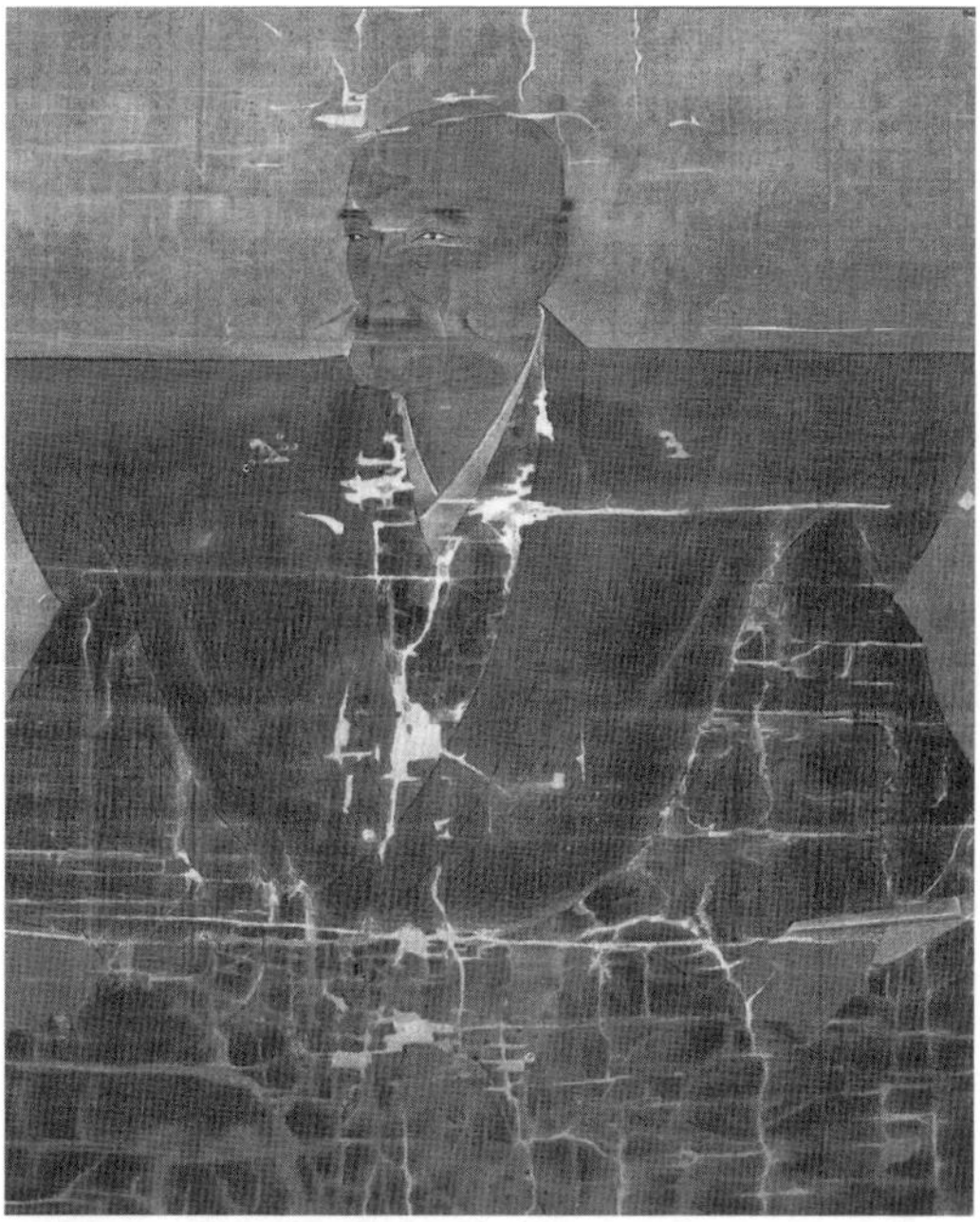

斎藤道三

　さて、話を、道三が予言を発した天文22年（1553）に戻して見よう。

　会見は、その4月20日である。よく晴れた初夏の日、道三は居城鷺山城《さぎやまじょう》（岐阜市鷺山）を出て、四里先の木曽川べりにある富田の正徳寺《しょうとくじ》（当時の愛知県一宮市富田）に向かった。寺に着いたのは正午よりやや前だったが、約束の信長はまだ来ていなかった。かねてから正徳寺の本堂で両者は会見する事になっていたのである。ではどうして美濃と尾張を代表するこの二人が「一向宗」のこの寺で会う事になったのか。更に話を戻す必要がある。

天文18年（1549）2月24日、道三の娘・濃姫《のうひめ》（帰蝶《きちょう》）（1535？～1612？）は、信長の許《もと》へ輿入れした。姫15才、信長16才である。「濃姫を当家の若君に」と申し入れたのは織田家の方で、織田家の家臣平手政秀《ひらてまさひで》（1492～1553）が濃姫をと申し入れてきた。胸中には「うつけ」で知られた信長を、道三の娘と結婚させる事によって美濃の斎藤家の実力を借りて、信長の将来を盛り立てようとする企てがあった。道三の方も「たわけ殿」の側に濃姫を置いて油断させ、何れ隙を見て尾張を併合しようという下心があったはずだ。そこで道三は、家臣の堀田道空を奉行として濃姫の輿入れは贅を尽くして準備させた。美濃の蒔絵師、指物師など道具職人を全て起用し見事な花嫁支度が出来あがった。代わりに尾張の肥沃な田園が手に入ると思うと、道三には安い出費であった。けれど、蝮の道三に無い才知と美しさを兼ね備えた「美濃一の美女」で知られた姫を、敵国の「うつけ殿」に与えてしまうのは、いささか惜しい気がした。

こうして嫁がせた娘であったので、その婿殿と話し合いたいと思った。そして現われた信長は完全な礼装で「いとも涼やかな武者」。道三は見た、これは並大抵の人物ではない。驚きのまま道三は、会見中、ほとんど口を開かない。

帰途、思いのほか疲れた道三は、側の道空と侍大将・猪子（弥兵衛）に問いかけた。「お前たち信長をどう思うか?」。道空は「あのうつけぶりは美濃には無害。攻めるのは好都合で目出たい事だ」と応じた。そこで道三が言い放ったのが「あの男の門前に馬をつなぐ事になるであろう」と予言したのである。『信長公記』だけの話だが……。『信長公記』の話である。

70 鉄砲の伝来

鉄砲伝来と鉄炮記―国産化にどれほどかかったか？

天文12年（1543）種子島に初めて鉄砲が伝わったと伝える唯一の史料として『鉄炮記』がある。慶長11年（1606）命じられた、禅僧の南浦文之《なんぽぶんし》（1555～1620）が記述したもので、種子島時尭《ときたか》が戦国時代の天文12年（1543）に種子島でポルトガル人から鉄炮（火縄銃）を入手したいきさつや火縄銃製法確立の過程が記されており、鉄砲伝来・西欧人初来日1543年説の基本資料となっている。

鉄砲について、次の様な簡潔な記述がある。「長さ、二・三尺。其の体たるや、中通り、外直く、重きを以って質となす（中空で外見は、まっすぐで重い）。その中、常通といえども、その底は密塞を要す。その傍に一穴あり。火を通ずるの路なり。…略…。妙薬を入れ、添うるに小団鉛を以ってす」。

日本に刀鍛冶の技術があったため、鉄砲は伝来後10年で国産化された。ただ「妙薬」（火薬）の調合法は完成が早かったのだが、銃身の底を密塞《みっそく》することには、非常に苦労したと云われている。

日本最初の砲術祖、津田監物

天文12年（1548）8月、種子島に鉄砲が伝来したとされるが、早くもその翌年、紀州に鉄砲を持ち込んだといわれる人物がいる。それが〃津田監物《けんもつ》〃である。彼は、根来寺内の一子院である杉之坊の命令で種子島に渡り、鉄砲を譲り受けたといわれている。

『津田家系譜』に拠ると、鉄砲を紀州に持ち帰ったのは、津田家六代目監物算長《かずなが》（1499？～1568）である。彼は紀州小倉荘の有力土豪で、根来寺《ねごろじ》と親密な関係にあった。同家では、自家の子弟を杉之坊の院主として送り込み根来寺との関係を保っていた。当時は算長の弟の明算（妙算《たえかず》）が、杉之坊の院主であった。同坊は行人方《ぎょうにんかた》の寺院の、根来寺内で最も有力な子院の一つであった。行人は言わば僧兵であり「根来衆」と呼ばれていた。寺の実質的な権力を持ち、もっぱら教戦《きょうせん》を研鑽する学侶方《がくりょかた》の僧（学問をする僧）とは区別される。根来寺山内《さんだい》からは日常生活の道具や金製品の他に、瀬戸、美濃、備前、中国、ベトナム等の陶磁器類も数多く発掘されるが、これは、根来寺の交易の広域性を示すものである。様々な情報を入手しやすい環境にあった。そして鉄砲の情報もいち早く聞きつけた。この様に、杉之坊が算長を種子島に遣わせたのも不思議ではないのである。

種子島は、九州南部の海上に位置し、黒潮の流れの中にある。西方の東アジアと日本本土との間で様々な交易がなされ情報が行き交っていた。島内、坂井に熊野神社があるが〝黒潮の道〟を通じて紀州熊野権現が種子島に勧請《かんじょう》されたものと見ることができる。

第十代領主の種子島幡時《はたとき》の時、亨徳《きょうとく》元年（1452）紀州熊野神社に参拝し分霊を当地に奉祀したという。幡時は島内の神々の中でも熊野権現を最も篤く信仰していたのである。紀州と種子島との繋がりは、既にこの頃からと認められる。種子島十四代時尭《ときたか》（1528～1579）が〝監物〟に鉄砲を譲った背景は、この様な紀州との関係からであった。

その後、監物は根来寺門前の坂本にいる鍛冶師・芝辻清右衛門妙西に鉄砲を見せて、同じ物を作らせたと伝わる。以後、根来寺を中心に紀の川筋の雑賀《さいか》や粉河《こかわ》、高野山《こうやさん》等周辺に鉄砲が普及していった。粉河では遅くとも永禄3年（1560）に、鉄砲が農民階層まで普及している。早くに紀州へ鉄砲が伝来し普及していたのだ。その十年後に1千挺の規模の鉄砲を有した大集団として雑賀衆が台頭する。雑賀衆は紀の川河口域に勢力をもった土豪の連合体である。元亀元年（1570）からの「石山合戦」では雑賀（鈴木）孫市らが信長軍と対決し、本願寺は不敗であった。

種子島は、早くから製鉄技術で伝説的になっている。八板《やいた》金兵衛清定（1502〜1570）は、自分の娘・若狭《ワカサ》を、ポルトガル人の嫁にして、ネジの製作ノウハウを得たといわれる。この人物も岐阜の関から移住して来た刀鍛冶であった。この様に種子島は、黒潮の海の道として、海外との接点があり、鉄砲伝来、国産化第一号の素地は十分にあった。又、火薬師も居たので、第十代幡時の時、熊野から奥州の修験者を連れて帰っており、この人が伝来時の火薬技術師・篠川小四郎秀重の先祖である。

71 今「大飯原発」で物議している所に、戦国期〝若狭水軍〟がいた？

十六世紀、戦国動乱の頃、〝若狭水軍逸見氏《へんみし》〟がいた。逸見の活躍は稀少な文献に散見されるが、その壮大なロマンは、若狭地方に今も語り継がれてきた伝説にのみ秘められている。

若狭守護の武田氏が、越前守護の朝倉氏と湖北で戦って滅亡し、その重臣、高浜を治めていた逸見氏も戦国の歴史の中で悲劇的滅亡を遂げた。その居城は福井県大飯郡おおい町大島半島に所在したと伝えられてきたが、確証なく「幻の居城」と言われてきた。ところがおおい町文化財保護委員会の長年の調査の結果、大島半島の「浦底《うらぞこ》」「日角浜《ひかどはま》」の2ヶ所で、室町期と見られる「城跡」が発見され、伝説の中に生き続けた史実の裏付けに成功した。

執念の調査をし、城跡を発見したのは、坂川幸男氏と実弟の若松賀六氏である。二人は地元の言い伝えや『若狭郡県志』の記述をもとに、まず日角浜にある通称「本城」の城跡を調べた。その城跡は約70ｍの山頂は平らになっており、「空堀」「堅堀」など防衛設備が小規模ながら、完全な形で残っていた。付近には海から引き上げたと思われる、直径20cm大の丸石がゴロゴロと転がっていた。これは武器使用の遺物と思われる。「浦底」山頂の「円山城」は、若狭郡県志によると、永正元年（１５０４）山城国久世から武田の重臣として大島に着任した、〃逸見河内守貞長〃が築城した事になっている。城の規模は大きく、全長２００m、幅20m。原型は損なわれて部分的に遺構が残っているが、「帯郭《オビクルワ》」などが城を確認できる物として残っていて、間違いなく城である事を示している。対丹後海賊衆の見張所であったろう。

72 千塚八幡神社と武田父子、信虎と晴信（後の信玄）

山梨県甲府市千塚《ちづか》にある千塚八幡、この神社と武田信玄《たけだしんげん》（１５２１〜１５７３）の関係を『高白斎記《こうはくさいき》』天文12年（１５４３）に見ると、武田家当主の座に就いて2年の晴信（信玄）は、この年の9月、信濃小県大井氏の居城長窪城《ながくぼじょう》（長野県小県郡長和町）攻めに兵を進めた。

「九月九日辛亥申刻光台為御退治千塚迄御出陣」。辛亥《かのと》は干支《えと》、申刻《さるこく》は午後4時頃の意。光台とは長窪城主大《おお》井《い》貞隆《さだたか》（?〜?）の法名。千塚は地名。御出陣は晴信の発進で、武田本隊がこの日の午後4時に出陣し、千塚迄進軍したとの記で、日時は旧暦で現在の10月初旬の夕暮れ時である。何故この様な時間に出陣し、更に至近の場所で進軍を止めたのか？ そこには千塚八幡神社があったのだ。

この八幡社とは「後一条天皇《ごいちじょうてんのう》の長元《ちょうげん》3年（１０３０）甲斐守となりし源頼信《みなもとよりのぶ》神殿を造営祈願の誠を捧ぐ。以来、甲斐源氏の武田氏は代々、本社を氏神として篤く崇拝。信虎《のぶとら》は、飯田河原上条河原の合戦にここを本陣として御加護の下に大勝、益々深く崇拝。太刀その他多くを奉納。信玄も之に劣らず度々寄進をし社殿は壮麗を極という」。

これにより『高白斎記』の千塚迄進むとは、千塚八幡への戦勝祈願であったのだ。そして午後4時という時刻にも意味があるのだ。戦国期は陰陽道《おんみょうどう》で吉凶の占いを用いたので、9月9日の午後4時頃は、占いの結果、最良の日時であったのだ。これは武田家だけではなく戦国期の武将たちは、祈願の成就《じょうじゅ》や占いの結果を神力として自らの行動の正当性を示そうとしたのだ。武田晴信の千塚八幡神社での戦勝祈願は、単に武田家代々の氏神としての御加護を授かる為だけでなく、父信虎（１４９２～１５７４）が大永《だいえい》元年（１５２１）10月か

武田信虎

ら11月にかけて甲斐国内に侵入した今川氏との戦い「飯田河原合戦」に際して、本陣をここに置いた事に注目しなければならない。そしてこの合戦の最中に晴信（信玄）が生れた事は、大いに注目すべき事である。

武田父子、信虎と晴信（信玄）の不和は通説では個人感情といわれているが、戦国期の家の相続の一端は、当時の気候変動を原因とした災害疫病などや飢餓、そして戦乱による非常事態に際し、家臣や民衆が仁政《じんせい》、即ち徳政令を求め世直しという大規模な決起行動に出た為という事であったのだ。特に食糧難は最大の懸案問題であったのだ。信虎から晴信への家督問題に際して、この背景には前記と同じ社会問題が甲斐国内に蔓延していた事は、当時の史料を読んで見るとよく理解出来るのである。

この『高白斎記』に記された千塚という文字から千塚八幡神社の存在と歴史を知り、そこに中世戦国時代と呼ぶ、現在の我々では実感の伴わない時代があり、そこに生きた人々がいたのである。この戦国期に社会状況の中で武田晴信（信玄）の千塚八幡神社への戦勝祈願は、甲斐国内の世論に対応しての行動であった。そしてこれから直面する戦いの嵐を前にして、心身の高揚と不安の狭間に立ち、心中では、父信虎に助言を請うている若き当主・武田晴信の姿が見えてくるのだ。

73 矢櫃峠、戦国の乱戦後、亡霊の祟りが

山のたわんだ所、山の上りから下りに掛かる境を示す「峠」という字は、室町時代以降に日本で作られたといわれる。日本は山国であるから、いたる所に峠があり人々の生活と深く関わってきた。

神奈川県秦野《はだの》市にある大山《だいせん》は修験道の山として有名である。その西山麓に「やびつ峠」がある。これを漢字

で「矢櫃峠」と書く。如何にも戦いと関わりありそうに思える。

永禄12年（1569）8月24日、武田信玄は、相模に向けて甲府を出陣。甲斐─信濃─碓氷《うすい》峠を越えて西上野と進軍した。9月9日には、金鑽御嶽城《かなさなみたけじょう》（埼玉県児玉郡神川町渡瀬）を攻める。翌日、北条氏邦《うじくに》（北条氏康の四男）（1541～1597）の武蔵鉢形城《はちがた》（埼玉県大里郡寄居町）を攻囲。だが、大激戦で容易に抜けない。

9月26日、信玄の武将で岩殿山城主《いわどのやま》・小山田信茂（1539／1540～1582）は、小仏峠《こぼとけとうげ》を越えて滝山城（東京都八王子市）に向かって押し寄せる。小河内《おごうち》もしくは檜原《ひのはら》からの侵攻を予想していた北条方は意表を突かれ、北条氏照が命じて横地監物・布施出羽守らが急ぎ3百騎と2千の兵を引き連れて、これを十々《とど》里《り》（廿里）の原（東京都八王子市長房町周辺）で迎え撃とうとした。しかし、十々里山は小山田勢がいち早く陣しており、騎馬2百と歩兵9百を配備して北条勢を逆に迎え撃ち、北条軍は野村源兵衛や金指平左衛門らの勇将が討ち死、敗れ去った。「廿里《とどり》の戦い」。翌日、信玄は、鉢形城が容易に抜けぬ為に南下して滝山城を囲んだ。しかしこの城も防備堅固で、結局信玄はこの城も包囲を解き、小田原を目指した。

10月1日、小田原城外に到着した武田軍は、周りの村落を焼き、小田原城を攻囲。しかし、難攻不落を誇る小田原城はびくともしない。4日、小田原城を攻めるも、北条氏政の徹底抗戦に遭い、この日、城に放火して兵を撤収。しかし三増峠《みませ》には、本城を救わんと支城から駆けつけた北条軍が武田軍を待ちかまえていた。

6日、三増筋（愛甲郡愛川町）の様子を探らせた信玄は、軍を三つに分けた。一つは、中央の三増峠を行く馬場・小荷駄（内藤修理が警備）・武田勝頼・浅利信種隊。二つは、峠東方を進む信玄、旗本、残りの隊。三つは、峠西方を進む小幡《おばた》信貞（1540～1592）・山県昌景《やまがたまさかげ》（1529～1575）・侍大将ら遊軍の隊。中央隊が三増峠の頂上にさしかかると左右から出撃して小荷駄隊を警護、そして敵部隊を挟撃するという戦略である。

この戦い「三増峠の戦い」は激戦になると予想した信玄は、乱戦時に諸隊が乱れたときには指揮をとる「検使の旗本」を付けた。馬場信春隊には幸隆の三男武藤喜兵衛（後の真田昌幸）、勝頼には三枝勘解由守友（昌貞）（1537～1575）、浅利隊には曽根内匠（昌世《まさただ》）（1546？～1630？）。そして一番槍は馬場隊の検使・武藤喜兵衛（真田昌幸）（1547～1611）が果たし、戦いが始まるが、この中央隊の戦いは熾烈を極めた。殿《しんがり》軍の侍大将・浅利右馬助信種以下多くの武将が討ち死にするも、左右隊が敵軍の先鋒を急襲挟撃。横を突かれた北条勢は大混乱に陥り、日が暮れる頃、半原山に逃げ込んだ。この結果、北条方は武田軍の突破・甲府への帰還を許してしまった。

この大山から西に連なる丹沢《たんざわ》山麓で両軍は激突した。矢櫃峠付近でも乱戦が行われ、北条方に多くの戦死者が出た。

ヤビツの地名については、三増峠の戦いにおいて用いられた矢櫃《やびつ》（矢を入れる箱）が、ヤビツ峠の西側にある「旧ヤビツ峠」を改修した際に発見されたことに由来するといわれる。また、この合戦で餓死した兵の亡霊が餓鬼となって彷徨《さまよ》い、食物をあさっているため、峠越えをする旅人は急に空腹となり、歩行困難に陥いるため、食物を峠に供えて越えなければならないとされている。峠を越す人々は「亡霊の祟り」を恐れ、食物を供えたのだろう。現在は登山ブーム。丹沢登山の人々が、海抜800メートルの峠で小休止し、戦国の歴史に思いをはせているだろうか？

慰霊碑には「ハートチョコ」が光っていた。

74 青田刈りと塩止め・どちらも困った武将

「青田刈りと塩止め」どちらも戦国大名が用いた過酷な戦術である。〝青田刈り〟とは、敵の領地に攻め入り、未だ収穫前で青々とした稲の穂を、みな刈りとってしまう手である。敵国が食糧不足となると、戦力は大いに低下する。現在は就職の戦国時代で「学生を申し合わせの期日前に企業が優秀な学生を競って採用。内諾戦術をとっている」これを「青田刈り」と云っている。

一方〝塩止め〟は言葉通り、塩の道を防ぎ、塩の運送を止め、敵方に脅威をあたえる戦術であった。永禄10年（1567）今川氏は、交りを断ってきた「武田信玄」に対して報復として甲斐の国へ、海の駿河、遠州か

武田信玄

らの「塩の道」を閉じた。当時、山国の甲斐は、生活必需品のメインの塩を東海道方面に求めていた。永禄10年（1567）6月25日、今川氏真《うじざね》（1538～1615）は、駿河境で甲斐に向かう塩荷輸送の者を討ち取った功により、北条家の将・大藤《だいとう》式部少輔に感状を下している。

当時、塩を運ぶルートは、須走《すばしり》経由と、八王子→津久井経由、及び関東方面であったが、今川氏はこれを全部厳しく閉鎖したため、甲斐には〝一握りの塩〟も無くなり、信玄は大いに困り、進退極まりのパニックになったという。この時、驚くべきことに最大のライバル上杉謙信が塩を送ると云うことであった。「義」を重んじる謙信は、武田領民の苦しみを見過ごすことができず、越後から信濃へ「塩を送る」ことを決意。「敵に塩を送る」。この有名なお話は果して本当だろうか。上杉の宣伝ではないのだろうか。

75 八幡神信仰と亀岡篠村八幡の尊氏と光秀

ＪＲ京都駅、西の嵯峨野線は近年、外国の観光客で人気上昇中。亀岡から京の名勝「嵐山」まで約16キロの激流のウォーター・シューター乗り（保津川下り）に、満員盛況の毎日である。

この亀岡市篠町篠の篠村八幡宮《しのむらはちまんぐう》は、足利尊氏《あしかがたかうじ》（1305～1358）が討幕を決起した神社として『太平記』に載る。又、明智光秀《あけちみつひで》（1528～1582）も「本能寺の変」の際、参拝し「起請文」を納めている。

場所は、京都と山陰を結ぶ旧山陰道の京都府亀岡市内のバス停「篠」から少し北方山手に入り、王子辺りで国道9号線から分かれる府道402号線沿いにある。主祭神は応神天皇《おうじんてんのう》、仲哀天皇《ちゅうあいてんのう》と神功皇后《じんぐうこうごう》が合祀されている。延久《えんきゅう》3年（1071）に、後三条天皇《ごさんじょうてんのう》の勅命で、源《みなもとの》頼義《よりよし》（988～1075）が応神天皇陵の誉《こん》田宮《だのみや》から勧請したとされる。

　さて、六波羅探題を滅亡させた、足利尊氏の元弘《げんこう》3年（1333）5月7日出陣を「太平記」は描く。午前4時、2万5千余の兵を率いて篠村宿を出発、宿の南の暗い樹木の茂る中、古柳木の下に社を発見。何の社か判らないまま、戦場への門出と馬を降り祠の前に額《ぬか》ずき、戦の無事と「朝敵退治」の御加護を祈った。そこへ拝観のお礼に来た巫女に、「何の神か？」かと尋ねると「当社は八幡神をお迎えしておりますので、篠村の新八幡と申します」と言う。何と、源義康（1127～1157）の子孫の自分には崇拝すべき霊神。「これは、勿怪《もっけ》の幸い」と願書を右筆《ゆうひつ》疋田妙玄に命じ、鏑矢《かぶらや》を添え神殿に奉納。舎弟足利直義《ただよし》（1306～1352）以下

足利尊氏

家臣もこれに続くと、箭《や》が社壇に満ち積み上がった。神社の裏手の旧山陰街道沿いに旗立楊《はたたてやなぎ》がある。尊氏軍は八幡宮一帯に居陣。各地に軍勢督促状を発し、この楊を目印に源氏の「大白旗」を掲げた。

　源氏の流れをくむ家系ともいわれる明智光秀も、居城亀山城（亀岡市荒塚町周辺）を「中国攻め」と出発し、篠村八幡宮に「起請文」を納め参拝し出撃した。二隊に分け、分隊は篠から保津川を北岸へ渡り、愛宕谷川と並行に作道された、現在「明智越えハイキングコース」となっている山道を水尾《みずお》へ、そして保津峡から落合、愛宕山下、一の鳥居へ出て、嵐山から桂川東岸を五条口へ。

　本隊は野条から沓掛《くつかけ》へここで食事をした。ここには現在

「沓掛城跡《くつかけ》」（京都市西京区大枝沓掛町）がある。その周囲は京都府立大学演習林（標高321メートル）、ここから「老いの坂」を越えた。又別に京都への古道の「唐櫃越え《からとご》」（馬堀〜みすぎ山〜沓掛山〜上桂）にも分隊が通り「峰ヶ堂城跡」（西京区御陵峰ヶ堂）で休息、一気に京へ進軍したのだ。午前2時頃、本能寺（堀川四条上ル）の5キロ前に到着し「火縄」の準備をさせた。

そして「敵は本能寺にあり」と下知したのだった。5キロ手前は、西大路五条西の「イオンモール京都五条」辺りと思われる。

76 明智の武将が生き残り、淀青果となった京都に武将の子孫が居た

淀で青果業を営んでおられる「奥田家」の先祖様は、明智光秀の武将であった。この先祖は丹波国の出身で、領主明智光秀の家臣を務め、40〜50人の武士の指揮を執っていたといわれ、「本能寺の変」の直後、天正10年（1582）6月13日、天下分け目の〝山崎合戦〟で、奥田家奥田庄太夫たちは、次の配陣を行って秀吉軍を迎えた。坂本城の光秀の叔父入道長閑斎、安土城の明智秀満（1536?〜1582）、長浜城の妻木範賢《のりかた》（光秀妻熙子《ひろこ》の弟）、佐和山城の荒木行重《ゆきしげ》、亀山城の光秀長子光慶《みつよし》（1569〜1582）、勝龍寺城の三宅藤兵衛、伏見城の池田織部（輝家）（?〜1582）、淀城の番頭大炊介（義元）、宇治の奥田庄大夫である。

秀吉は後に言う「中国大返し」を成功させ、山崎附近の高山右近他の武将を味方に付け有利に展開。秀吉軍3万1千〜4千人。これに対して明智軍1万6千人。『兼見卿記《かねみきょうき》』によると、午後、山崎の山手から鉄砲射撃で開戦（山崎の戦い）。両軍とも、今迄は信長傘下の戦場仲間で旧知の間柄。今更、敵に背を向けられず、数

明智光秀

に於いて劣勢の明智軍も勇敢に戦ったのだが、後半戦は秀吉の本隊が正面から、その上、両翼から攻められて各武将は討死し総崩れとなった。明智方3千名、秀吉方3千300の死者を出し、戦いは3時間で終り、明智軍は四散した。

奥田庄太夫も敗走し、宇治か北河内に隠れ住んだのだろう。その後90年後、延宝《えんぽう》年間（1674〜1680）、奥田家は淀に定住し、青果卸業を創業されたと伝えられている。

77 本邦初の艦砲射撃、火を吹く南蛮砲、押し渉る毛利水軍

「門司城攻防戦」である。毛利氏が北九州経路の拠点としたのが豊前門司《ぶぜんもじ》城(福岡県北九州市門司区字古城山)である。同城は、最初は大内氏が築いたが、弘治3年(1557)4月に大内氏が滅亡すると大友義鎮《おおともよししげ》(のちの宗麟《そうりん》)(1530~1587)がこれを収めた。すると毛利元就《もうりもとなり》(1497~1571)は、小早川隆景《こばやかわたかかげ》を(1533~1597)大将として、永禄元年(1558)6月に門司城を攻撃してこれを奪い、翌年、仁保右衛門大夫隆慰《にほうえもんたゆうたかやす》(1523?~1574?)を城将とした。そこで義鎮は北九州から毛利の勢力を一掃しようと、永禄2年9月に大挙して門司城を攻撃し城将仁保は敗走した。

門司城の陥落が急報されると、元就は、当時石見《いわみ》国に出陣中であったが、すぐさま嫡子の毛利隆元《もうりたかもと》(1523~1563)と小早川隆景を派遣し奪還に乗り出した。隆景は麾下《きか》の毛利水軍を指揮して毛利軍の先鋒となり、浦兵部丞宗勝《うらひょうぶしょうむねかつ》(1527~1592)を、門司と小倉《こくら》の中間に上陸させた。宗勝は上陸地点から東進して門司城に迫り、負傷に屈せず、敵首級数百をあげて門司城を奪い返した。大友氏の軍勢は、なおも城の附近に集結して奪回に向けて頑張ったが、宗勝は毛利水軍の提督、児玉内蔵丞就方《こだまくらのじょうなりかた》(1513~1586)と共に、豊前の東岸中津《なかつ》に上陸し、大友軍と豊後《ぶんご》の連絡路を断ち切った。その為大友軍は糧道を絶たれて、ついに撤退した。こうして門司城は再び毛利軍の手中に帰した。

だがこれ位のことで諦める大友義鎮ではない。永禄4年(1561)になって本腰を据えて奪還作戦に出た。同年8月義鎮は、武将・吉弘加兵衛尉(嘉兵衛鎮信《しげのぶ》)(?~1578)に兵1万5千を与えて城の西方約12キロの豊前小倉に進出させ、門司城を陸上から攻撃させると共に、当時、豊後の府内に停泊中のポルトガル船数

隻に海上から門司城を攻撃するよう依頼した。この異国船に大砲を積み込ませ、門司城の海域に急行させると、海上から門司城へ大砲をぶっ放させたのである。大砲声は海面に轟き、城周辺で炸裂する砲弾は、城兵の耳を劈《つんざ》くばかりであった。門司城に落下する砲弾は城壁や櫓《やぐら》を破壊し、城兵を鮮血で染めた。初めて見る南蛮兵器の威力に城兵一同は戦慄《せんりつ》して、生きた心地もしなかった。ところが、このポルトガル船はどうした事か、初回の砲弾を打ち尽くすとそのまま関門海峡から退却し、再びこの海域には現われなかった。門司城は危ないところで落城から逃れたのだ。

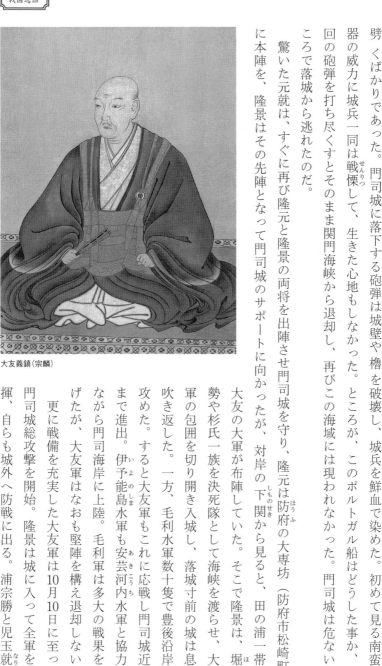

驚いた元就は、すぐに再び隆元と隆景の両将を出陣させ門司城を守り、隆元は防府《ほうふ》の大専坊（防府市松崎町）に本陣を、隆景はその先陣となって門司城のサポートに向かったが、対岸の下関《しものせき》から見ると、田の浦一帯は大友の大軍が布陣していた。そこで隆景は、堀立《ほたて》勢や杉氏一族を決死隊として海峡を渡らせ、大友軍の包囲を切り開き入城し、落城寸前の城は息を吹き返した。一方、毛利水軍数十隻で豊後沿岸を攻めた。すると大友軍もこれに応戦し門司城近くまで進出。伊予能島《いよのしま》水軍も安芸河内《あきこうち》水軍と協力しながら門司海岸に上陸。毛利軍は多大の戦果をあげたが、大友軍はなおも堅陣を構え退却しない。

大友義鎮（宗麟）

更に戦備を充実した大友軍は10月10日に至って門司城総攻撃を開始。隆景は城に入って全軍を指揮、自らも城外へ防戦に出る。浦宗勝と児玉就方《なりかた》は、毛利隆元の命にてそれぞれの水軍にて大友軍の側背を突いて上陸。明神尾の陣を破り大里にて大勝した。

この時、宗勝は、敵将・伊美《いみ》弾正《だんじょう》左衛門《ざえもん》と一騎打ちを演じ、はじめ宗勝は槍で鼻の辺りを突かれたが、怯《ひる》まず槍で相手を倒した。両軍観戦の中での一騎打ちは宗勝の勝ちで毛利軍の士気は上がり、大友軍はこの戦いの不可能を知り、総退却を開始したのは永禄4年11月5日の夜陰であった。

この敗戦を契機に大友義鎮は出家して「宗麟」と号し、将軍足利義輝を仲介しての和睦交渉を進めたのである。

78 秀吉の中国攻め―「背水の陣」、これには秀吉も軍を帰した

吉川元春

戦いの際、河川の附近で優勢な敵の攻撃を受ける軍は、普通は河川の後方に軍を張り、その障害を守りとしていくらかでも戦いを有利にしようとする。しかし時には前方に陣取って河川を背景にして戦う場合もあった。これを「背水の陣」といい、中国や日本にはその例を見る事が出来る。
戦国期、織田信長《おだのぶなが》の命令を受けた羽柴秀吉《はしばひでよし》（1536〜1598）が中国地方で毛利氏を攻めた時の事である。天正9年（1571）10月、飢え殺しで鳥取城を攻め落とした秀吉は、鳥取市の西の御冠山《みかむりやま》にあって、橋津川附近の吉川元春《きっかわもとはる》（毛利元就の二男）（1530〜1586）の軍を威圧した。このと

きの秀吉軍の兵力は3万とも4万5千とも6万ともいわれるが、迎え撃つ元春の軍勢はわずか6千であった。

元春は大軍を迎えても動揺せず、武将たちの勧めにも頑として従わず、橋津川の橋をことごとく落とし、備えていた数百の船はすべて陸に上げ、櫓は残らず折り捨てて背水の陣を敷いた。そのため、秀吉は元春の覚悟のほどを知り、戦わずして軍を引き上げた。また、元春も馬の山の陣をたたんで、出雲《いずも》に引き上げていった。秀吉、元春の両雄は、互いにその器量を認め合い、戦わずして別れたのである。

智将の秀吉も「流石《さすが》は毛利の息子だ」と軍を帰したと言われている。

79 謎に包まれた幸村の首塚と西尾久作

NHK大河ドラマが「真田丸」の平成28年8月、「幸村《ゆきむら》の講演会」を筆者は開いた。その参加者の中に「私の親族に福井の西尾さんがいやはります」「ほな、お話を聞かしとくれやす」「藤森神社の近くでっせ」「へい」。

真田氏の伏見屋敷は、藤森神社さん（京都市伏見区深草鳥居崎町）の西側にあって、信繁（幸村）（1567～1615）は、大谷刑部《おおたにぎょうぶ》（1558～1600）の娘さんとの新婚期、伏見に居やはった。何か不思議な御縁だなと、彼女の経営する喫茶店にお伺いした。「この近くにお住まいで、お医者さんどす。お婆さんを呼んできまっせ」と、やって来たお婆さんに色々と話を聞いた。

真田《さなだ》幸村《ゆきむら》は最終ラウンドで全軍最後の突撃を開始。赤い軍団は死に物狂いの奮戦で、家康（1543～1616）の本陣を切り崩し家康を死地に追い込んだ。一説には、この時戦死をし、堺の南宗寺《なんしゅうじ》に葬ったと

真田信繁

いわれ、翌年、秀忠《ひでただ》（１５７９～１６３２）がその寺に参ったと伝えられ、現在も大阪堺の南宗寺《なんしゅうじ》（堺市堺区南旅篭町東3丁）にお墓がある。家康影武者説の所以《ゆえん》である。

しかし幸村も最後は、数に勝る徳川勢に敗れ、力戦奮闘に極度の疲労で、安居《やすい》神社（大阪市天王寺区逢阪1丁目）に迄落ち延び休んでいるところを、福井の松平忠《ただ》直《なお》（１５９５～１６５０）の鉄砲頭・西尾久作《きゅうさく》（?～１６３５）と出会い、首を差し出す形で討死した。戦後、西尾から「幸村と死力を尽くして戦い、ようやく首をとりました」との言上に対し、家康は「お前如きを幸村が相手にするものか」と、誇大な売り込みを看破《かんぱ》したとか。又、首実検で叔父の真田信尹《のぶただ》（１５４７～１６３２）が「幸村の首」として確認しなかったと言われている。

この西尾のお婆さんの話では、西尾久作（仁左衛門、西尾宗次）は幸村供養のために、首塚をつくったという。初代福井藩主結城秀康《ゆうきひでやす》も協力し、西尾家の菩提寺「孝顕寺《こうけんじ》」（福井市足羽《あすわ》1丁目）境内《けいだい》にあったというが、現在はその跡は残らず、ご住職も「境内の何処にあったか不明」と言う。明治期に建てられた「真田幸村鎧袖塚碑」では幸村の鎧袖《がいしゅう》が埋められ供養されていて、西尾家に伝わる文書には、首は更に別の場所に埋葬されたとある。真田一族に奪い返されるのを恐れた西尾家の「一子相伝」の秘だ。お婆さんも「本当の首塚は教えられてない」と言う。首塚には地蔵菩薩立像の「真田地蔵」が安置されていた。この首は地面に落ちたが、元通りに載せようとすると熱病に悩まされたと言う。

福井城の元禄年間の古地図を見ると、西尾家の屋敷はかなり大きく描かれている。この先祖のお手柄により、子孫はその後、相当に出世したように思われる。

福井名物羽二重餅《はぶたえもち》の包紙の福井城地図をお婆さんは見せてくれた。

■ただし、西尾家供養の「真田地蔵」と呼ばれた首塚は、現在は福井市立郷土歴史博物館が保管・所蔵しているとのこと。

80（江戸期）宇和島伊達家の忠臣の怨霊

伊達政宗《だてまさむね》（1567～1636）の長子・秀宗《ひでむね》（1591～1658）は、6才の時、秀吉（1536～1598）の猶子となり聚楽第で元服した。

大坂冬の陣には父政宗と共に徳川方に属して出陣し、めざましい功績をあげた。そのため、将軍徳川秀忠（1579～1632）から、慶長19年（1614）12月28日、秀宗に宇和郡10万石（のちの宇和島藩10万石）の領地を与えられた。大坂冬の陣後、父の治める仙台には戻らず、秀宗は京の都から父政宗を始めとする多くの者たちに見送られ慶長20年（1615）2月28日に出発した。道中は摂津国伊丹《いたみ》を通過し、尼崎《あまがさき》にて乗船し数日間の船旅を過ごす。ちょうど乗船前にあたる3月2日には父政宗から秀宗宛に一通の手紙が届いており、秀宗が3月5日に尼崎を出発すると聞いていることや、「その頃は海上も穏やかであろう」と息子の船旅を気

伊達政宗

遣う親心なども記されている。この手紙は現在も伊達家に残っており、この手紙を通して当時の秀宗の宇和島初入部の道中の様子が伝えられている。そうして秀宗は無事に船旅を過ごし、3月16日に伊予国長浜（愛媛県大洲《おおず》市長浜）に到着。そこからは陸路を通り、大洲を通過した翌日には宇和で一泊し、2日後の3月18日に晴れて宇和島に初のお国入りを果たした。

政宗は、秀宗の宇和島入部に際し家臣の「五十七騎」と補佐役三人をつけた。補佐役三人は、桑折左衛門《こおりさえもん》（1589～1610）を後見役とし山家清兵衛《やんべせいべえ》（公頼《きんより》）（1579～1620）を家老兼総奉行に、桜田玄蕃《さくらだげんば》（元親《もとちか》）（?～1632）を家老兼侍大将にし、何れも千石取りであった。

総奉行の山家清兵衛は、産業を興し財政の確立に心を砕いた。秀宗は宇和島に来る時に父政宗から旅費その他の資金として六万両を借りた。暫くして政宗はそれを返せと言ってきた。入国して間もないから中々六万両を返せるめどが立たなかった。藩内では親子だから棒引きしろとか、年賦にしろとか諸説があってまとまらない。清兵衛は「政宗も老齢で、後いくらも持つまい。死んだら帳消しだから生存中は隠居料として毎年3万石を贈る事にしよう」と言い、政宗もこれを容《い》れた。10万石の中から3万石を引けば藩財政は窮迫する。その返済は寛永12年（1635）まで続くことになり、これを切り抜ける為に大身の家臣の家禄を半減し、その他の者からは四分の一を減らした。当然の事ながら清兵衛の専断に不平を抱き反発する者があらわれた。かねてから清兵衛と桜田玄蕃とは性格の違いもあり不仲であった。

元和6年（1620）春、幕府は大坂城修築に際し宇和島藩には石垣工事を命じた。清兵衛と玄蕃は総奉行として大坂に派遣された。藩では費用の捻出が出来ず、秀宗は銀十貫目を与えただけで、他は上方辺りで調達するように二人に命じた。清兵衛は玄蕃としばしば方策を巡って対立。豪商から借入し仕事も八分完成で帰国した。

ところが玄蕃は、大坂から秀宗に手紙で金を催促。「清兵衛が不正」と根も葉もない訴えをし、秀宗は清兵衛に閉門を言い渡す。玄蕃は「清兵衛罪科三十五条書」を提出。秀宗は「上意討ち」を決め、6月29日、秀宗の命を受けた桜田一派の家臣達が、山家邸を襲撃、翌日には清兵衛及び二、三、四男の三人も暗殺。「和霊騒動《われいそうどう》」である。

山家清兵衛の怨霊は祟《たた》り出す。悪病流行、農不作、原因不明の事故続出。寛永9年（1632）、秀宗の妻・桂林院殿の三年忌法要の時、大地震で桜田玄蕃は、寺の下敷きになって死んだ。さらに、秀宗の子供にも不幸が続いたため、秀宗は、清兵衛の霊を慰めるために「山頼和霊神社」を建てた。山頼とは「山家清兵衛公頼」の上と下の二字を取ったものである。そして享保16年（1731）に五代藩主、宇和島藩中興の英主・伊達村候《だてむらとき》（1725～1794）によって、清兵衛邸跡に今日の和霊神社（宇和島市和霊町）を創建し、清兵衛の霊を慰めた。

81 （江戸期）鍋島の化け猫騒動

肥前《ひぜん》統治の実権を家臣鍋島直茂（1538〜1618）に握られている隆信の孫・高房《たかふさ》（龍造寺）（1586〜1607）は、自らの前途に不安と絶望を抱き、自殺未遂を繰り返した。直茂を恨み呪いながら自ら命を絶った龍造寺高房。落胆のあまり、その後を追うように病死した父政家《まさいえ》（1556〜1607）。これにより大名としての龍造寺宗家は断絶した。以来、城下ではしばしば怪異な事件が起こり、さまざまな流説が飛び交った。後日の鍋島騒動はこれが因となり、一般に知られている「化け猫騒動」は、これに怪猫をからませたものである。

鍋島光茂

囲碁好きの二代藩主鍋島光茂《みつしげ》（1632〜1700）は、ある日、盲目の、臣下の龍造寺又七郎を相手に苦戦していた。やがて「待った」「待ったなしで」と争いになり、逆上した光茂は、又七郎を切り殺してしまった。いつまで待っても帰って来ぬ我が子を案じて寝つかれぬ母のところに、飼われていた猫が又七郎の生首をくわえて帰ってきた。すべてを察した母は、怨嗟《えんさ》の胸中を猫に語りながら自害して果てた。とくとくと流れる、呪いの母の血をなめつくした猫は、再び又七郎の生首をくわえて、雨中の闇に消えていった。やがて城中に入り込んだ猫は、藩主の内室《ないしつ》に化けて、夜な夜な怪異な出来事で、光茂を悩まし続けるのであった。しかし、忠臣小森半佐衛門の大活躍により怪猫は首尾よく退治され、鍋島家の危急はめでたく救われたといわれている。実は、鍋島の化け猫騒動は、歌舞伎のお芝居や講談のお話で、鍋島お家騒動を、ホラーテイストにアレンジしたものである。

戦国期の海外との関わり

82 「さんふらん四すこ　四やひえる」とは誰の事！

聖フランシスコ・ザビエル

天文18年（1549）8月、鹿児島湾に入り、錨をおろしたジャンク（中国の帆船）があった。この船の名は海賊号。この船から一人の宣教師が上陸した。彼の名は「さんふらん四すこ　四やひえる」であった。かの有名な「聖フランシスコ・ザビエル」（1506～1552）その人であった。何故、日本にやってきたのか？　彼が日本での布教に踏み出す決心をしたのはマラッカで、偶然出会った日本人が〝キッカケ〟であった。この日本人は、ヤジロウと云う鹿児島の武士か商人で、人を殺して逃げてきたと云う。そしてザビエルは鹿児島で布教に乗り出し、京都へ向けて徒歩で旅をした。日本の国王に会い、布教の許しを乞い、布教の成果をあげようとした。しかし天文20年（1551）1月、堺の豪商の日比屋《ひびや》了珪《りょうけい》の支援で京都に来て見ると〝応仁の乱〟で、焼け野原の京都に居た天皇や将軍は「下剋上の時代」に入っていて何らの実権を持っていなかった。失望した彼は、たった11日間の在京で山口に移り、布教し多くの信者を得たが、日本文化の源流の中国に行き研究して日本の伝道をやり直そうと、マカオ沖の島で機会を待っていた。そして不幸にも病を得て、46才で亡くなった。ザビエルは日本布教の先駆者として重要な人である。寛永14年（1637）勃発の「島原の乱」の首謀者の家から発見の教会暦には、冒頭の名に「日本きり四たん御開山」の書が残されていた。

83 ラシャの軍装は、ポルトガルからの贈り物

織田信長

戦国時代の終わりごろ、ポルトガル人がもたらしたラシャ（羅紗、RAXA）という毛織物がある。紡《ぼう》毛《もう》を密に織って起毛させた、厚地の毛織物。それまで防水性のある織物は皆無であったので、野戦を主とする武士たちは早速に軍用として使い始めた。「陣羽織」とか合羽（カッパ、

ポルトガル語ＣＡＰＡで外套のこと）、火事羽織に使用し出した。早くに信長が「赤ラシャの陣羽織」を着ていたので分かる。黄色や真赤な派手な色を示威的に使っていた。この真赤なラシャは猩々緋《ショウジョウヒ》として珍重された。見た目が豪華なために富裕な商人や医者が贅を競ったため、江戸幕府がこれを禁止したこともあるという。

84 眼鏡を最初に使った日本人は誰か

足利義晴

永禄12年（１５６９）５月、宣教師ルイス・フロイス一行が、岐阜で織田信長に謁見した。このとき、この一行の中の者が近眼鏡をかけていたため、〝バテレン〟は目が四つのあると評判になって、多くの野次馬がこれを見ようと押しかけてきたといわれている。日本に現存する眼鏡では、室町幕府の第十二代将軍・足利義晴（１５１１〜１５５０）が残したものが最も古いと云われる。この眼鏡は〝中国（明《ミン》）〟から伝わったものと云われている。照明器具が未発達で、栄養不足の時代には目の悪い人が多く居たはずである。徳川家康や明智光秀が眼鏡を使っていたと云われているが、眼鏡は長い間、貴重品であった。ちなみに、家康が使用したと伝わる眼鏡が、静岡の久能山《くのうざん》東照宮に現存している。一般の人々が、眼鏡を使う様になったのは、17世紀も末に近い元禄時代からだと云われている。江戸や大坂の大都市では、眼鏡を販売する店が出るようになったという。

筆者の少年時代、大久保彦左衛門がメガネをかけているマンガ（大久保彦左衛門　：漫画講談　一心太助、文園社、昭和24年刊）を読んだが、〝昔のメガネ〟（ひも付き眼鏡）が印象的だった。

■日本歴史に最初に登場する「メガネ」は、天文20年（1551）4月下旬に、再度面会した宣教師フランシスコ・ザビエルから、周防・長門・石見・安芸・豊前・筑前6か国守護職の大内義隆（1507～1551）に献上されたというものともいう。献上品には、本来なら天皇に捧呈《ほうてい》すべく用意していたポルトガルのインド総督とゴア司教の親書のほか、望遠鏡・洋琴・置時計・ガラス製の水差し・鏡・眼鏡・書籍・絵画・小銃などがあったという。義隆は、ザビエルに対して布教の許可を与え、その拠点として、「大道寺」を与えた。

85 「日本人論」第一号に書かれた〝日本人の長所と短所〟
戦国期の日本人の姿

アレッサンドロ・ヴァリニャーノ（1539～1606）は、天正7年（1579）東印度巡祭使として来日し、キリスト教の布教に大きな足跡を残した。ヴァリニャーノは巡察師として日本各地を訪れ、大友宗麟・高山右近・織田信長らと謁見している。天正9年（1581）2月信長に謁見した際には、安土城を描いた屏風（狩野永徳作とされる）を贈られ、屏風は第226代ローマ教皇・グレゴリウス13世（1502～1585）に献上されたが、現在に到るもその存在は確認されておらず、行方不明のままである。また、従者として連れて

アレッサンドロ・ヴァリニャーノ

いた黒人を信長が召抱えたいと所望したためこれを献上し、「弥助」と名づけられて信長の直臣《じきしん》になっている。そして約2年後に「天正遣欧少年使節」を連れて離日した。天正18年（１５９０）の二度目の来日は、帰国する遣欧使節を伴って行われた。このときは天正19年（１５９１）閏1月に聚楽第《じゅらくだい》で豊臣秀吉に謁見している。また、日本で初めての活版印刷機を導入、後に「キリシタン版」とよばれる書物の印刷を行った。

　彼は「日本布教長心得」を作り、「宣教師は、その土地の習慣に順応しなければいけない」と云う信念を示し、日本人をよく理解するために大きな努力をした。彼の残した「日本人論」は誠に本格的である。まず長所は、有能で優れた理解力を示すこと。粗暴者や無能者が居ないこと。全世界の中でも最も面目や名誉を重んずること。忍耐強く、人間としてあらゆる苦しみや不自由を耐えしのぶこと。慎み深く、感情を表さないこと。すべての生活が清潔で美しく調和がとれていること。などで、現在の日本人への世界の評価と同じである。

　この一方の短所の評価は、「乱れた男女交際」、「忠誠心の欠如」、「キリスト教の教えに背く考え方」、「安易な殺人」、「飲酒にふけること」などで、当時、戦国期の社会の姿と結びつく。鋭い洞察力と時代背景を持っている点で、彼の著作は第一級の日本人論である。

86 バテレンから軍事援助を受けた有馬鎮純（のちの晴信）

天正8年（1580）九州の戦国期、有馬鎮純《しげずみ》（1567〜1612）は、龍造寺隆信（1529〜1584）との戦いでの危機的状況に於いて、天正7年（1579）7月2日に来日したイエズス会巡察師アレッサンドロ・ヴァリニャーノから経済的・軍事的援助を受けて滅亡を免《まぬか》れた。鎮純（のちの晴信）は、その感謝の念から偶像を駆逐《くちく》しようとし、ヴァリニャーノの滞在した3ヶ月間に大小合わせて40を超える寺社を破壊した。仏僧たちはキリシタンに改宗するか、又は、有馬領から去っていった。

この時の軍事援助とは、多量の糧食、金子《きんす》を補給し、弾丸や火薬を供給した物で、それらの金額は600クルザードに達していた。当時、イエズス会士の1年間の生活費は、一人当たり、20クルザードであったから、援助は尋常なものでは無かった。

有馬鎮純は、南蛮船が引続き口之津（長崎県南島原市口之津町）に入港する様、取り計らってくれたヴァリニャーノに、自分と領民が改宗し領内の寺社を破壊する事を約束した。

ポルトガル商船の入港は、その地の領主にとって莫大な利益をもたらした。商船の入港すべき、港の決定にバテレンは発言権を持っていたから、仏像、寺社破壊は、バテレンからの経済的、軍事的援助を期待してのものだった。

歴史学者・高瀬弘一郎氏が論証したように、キリシタンの目的の一つは、南欧勢力による日本征服軍事計画である。ここで注目するべきは、東インド管区の巡察師ヴァリニャーノが、パードレ（司祭）やイルマン（修道士）に対して、キリスト教徒の領主を援助する目的で大砲、弾薬、鉄砲その他の武器を調達することを禁止していることである。この方針の変化は、天正15年（1587）6月19日の秀吉による「バテレン追放令」という危機的状況下でのことで、軍事的援助を指導したのは全て初代準管区長ガスパール・コエリョの責任内として、ヴァリニャーノが事態収給を計ったものであった。

『フロイス日本史』によると、ヴァリニャーノは、別の報告書では、キリシタン大名有馬鎮純や大村純忠《すみただ》が仏寺を破壊した事について、「我らは、自らの意志と希望を犠牲にした。なぜなら司祭方は、寺院は我らの聖なる教えに反するものだからと言ったからと語った」と記録している。

有馬鎮純、大村純忠にとって、仏像破壊は苦渋の選択であった。大友宗麟は、天正9年（1582）10月8日に豊前彦山《ぶぜんひこさん》の三千坊と言われる坊舎を焼かせたが、「この度の勝利が、デウスの御業《みわざ》と司祭達の祈りの賜である事」をヴァリニャーノに伝えている。

早期からポルトガル国王と交信し、積極的にイエズス会に、武器援助を要請していた大友宗麟にとって、仏像、寺社破壊の行動に迷いはなかったのであろう。

これを見ると、やはりイエズス会からの軍事援助が有り、キリシタン大名はそれを期待して仏像、寺社破壊を行ったと見るのが自然な歴史認識だと思われるのである。

87 天正遣欧少年使節団が、ローマに着くのに、どれくらいかかったか

天正7年（1579）東印度巡祭使の宣教師ヴァリニャーノは、伝道状況視察の為に来日した。彼は帰国の時、「大友宗麟・大村純忠・有馬晴信」のキリシタン大名を説得し、彼らの名代として「少年使節の派遣」を実現させた。ヴァリニャーノの手紙によると「使節派遣の目的の一つはキリスト教の栄光と偉大さを日本人に

天正遣欧少年使節団

分からせること。そして少年たちに進んだ西洋世界を見せることで日本での布教活動をよりスムーズにさせるため」としている。13、4才の少年を選んだのは「若い少年たちは好奇心が強く、より吸収が早い。何年にも及ぶであろう過酷な旅にも耐えられ、帰国後はより長く布教活動が続けられるだろう」という理由からであった。使節は主席正使の伊東マンショ、正使千々石《ちぢわ》ミゲル、副使原マルチノと中浦ジュリアンの四人で、今の中学生位の年令の少年たちであった。伊東マンショを描いた肖像画が、2014年イタリアで発見され、2016年東京国立博物館で公開された。一般に公開されるのは世界で初めてである。使節は天正10年（1582）1月28日に長崎を出航し、インド洋を経て、アフリカ南端の希望岬を回り、リスボン、マドリードを経て〝約3年後〟イタリアの地を初めて踏む。そして、ローマに着いた。天正13年

（1585）2月22日、ローマ教皇・グレゴリウス13世に公式謁見し、市民の歓迎を受け、ローマの市民権を受けた。彼らは、更に北イタリアの都市を回り見学し、天正14年2月25日、スペインのリスボンから帰途につき、天正18年（1590）6月20日に長崎に帰国した。彼らのもたらした知識や技術は注目され大いに役立ったが、信仰の面では不遇だった。キリスト教禁止令のため、メンバーの一人、副使「中浦ジュリアン」は、寛永10年（1633）9月20日殉教死している。

88 戦国期、日本に初めて、活字印刷を持ち込んだのは、天正少年使節だった

ザビエルが布教の為来日して以来、日本にやって来た宣教師たちは、布教の為の必需品である印刷機を欲しがっていた。そしてそんな中、「天正遣欧少年使節団」は、天正18年（1590）6月に無事帰国した。彼らは活版印刷機や、欧文の活字、イニシアル用の花文字、それにカット用の銅版画や鋳造機も持ち帰ってきた。そしてその翌年には早くも最初のキリシタン版が刊行された。そしてこれの指導を受けて、印刷技術者が育ち、信者たちはその後、すぐ日本の片仮名、漢字の大小数種類の活字を見事に鋳造した。そして、これはキリスト教の布教に大きな戦力となった。さらに西洋楽器、海図なども、もたらした。

キリスト教禁制の後は、文禄1年（1592）の朝鮮出兵により、〝朝鮮国〟の文化が持ち帰られ、今度は〝朝鮮式活版印刷器具〟が多くの書物と共に持ち帰られ、日本に根付いていった。これらは木版印刷の様な原始的な印刷法があったが、江戸初期にはこれが印刷の主流となっていった。

89 日本国産第一号、洋式帆船は〝80トン〟だった

17世紀〝オランダ東インド会社〟最大の「帆船プリンス・ウィレム号」が長崎に来ると云う新聞報道が、平成4年（1992）に記事となった。本物は寛文2年（1662）に難破しており、来航したのはオランダで作った「レプリカ船」。形、大きさ〝36門の大砲〟迄、復元したものである。建造だけでなく、搬送に莫大な費用を要したといわれている。これが船に関する日蘭関係であるが、これに対して古いのは、慶長5年（1600）4月の「デ・リーフデ号」漂流とその後の事である。この船の航海士だった英国人のウィリアム・アダムス（三浦按針《あんじん》）（1564～1620）は、〝船大工〟の技術を持つ生き残りの船員を使って80トンの帆船を造った。これには日本の船大工も参加した。国産の洋式帆船第一号である。その翌年、同じメンバーで造った120トンの帆船は、日本近海で遭難した。この船はスペインの前フィリッピン総督ロドリゴ・デ・ビベロに貸与され、慶長15年（1610）アカプルコに到着している（サン・ブエナ・ベントゥーラ号）。これが「きっかけ」となり、日本の造船力が高まり、仙台藩の洋式帆船建造と共に、支倉常長《はせくらつねなが》のローマ航海使節の出発に結びついてくることになる。デ・リーフデ号と銘打った帆船が、「ハウステンボス」で乗船体験ができる。

90 南蛮貿易で日本語になった外国語

①コーヒー・ペンキ・コップ・ビール・ランドセル・ポンプ
②ボタン・タバコ・マント・カルタ・カッパ・カステラ

と並べると何のことか分からないが……。これは現在では日本語となった外国語である。①6語はオランダ語、②の6語はポルトガル語である。

十六世紀の後〝南蛮貿易〟でヨーロッパ人と接する機会が多くなると「ヨーロッパの言葉」がしきりに日本に入ってくる様になった。当時、南蛮人相手に交易した日本人の商人たちは①や②の様な断片的な外国語を一生懸命使いながら商売をした。そして、彼らが積極的に行った国際交流は、鎖国のため、その後長く〝日本の歴史〟から消えることになったのだが、京都にある有名な花街〝先斗町《ぽんとちょう》〟は、ポルトガル語で「土手」と云う意味と云われている。鎖国と云われているが、江戸期位から長崎から海を通って大坂へ、淀川から伏見、高瀬川をつたって京都へ、ポルトガルの文化も入っていたのにちがいない。ポルトガル人が京の花街で遊んでいたことが判る面白い証拠である。

■もう一つは、「カピタン江戸参府」。オランダ商館責任者である商館長＝カピタンの、日蘭貿易「御礼」のための平戸から江戸への旅である。慶長14年（1609）から嘉永3年（1850）にまで計166回に及んだという。道中は、長崎～下関は「短陸路」、下関～室《むろ》または兵庫は「水路」、大坂・京都～江戸は「大陸路」（東海道を利用）だった。途中宿泊する宿は、休憩か一泊するために利用するもので、大名の参勤交代に準じて各宿場の本陣や脇本陣が使用された。それらとは別に、江戸・京都・大坂・下関・小倉の5都市では往路・復路ともに数日間の宿泊を許されており、それらは「阿蘭陀宿」と呼ばれた。京都の海老屋は、建物がさほど大きくないため、一行を周辺の寺院や旅籠に分宿させるために毎度奔走するのだが、それとは別にオランダ人やオランダ通詞の不取締りで迷惑を蒙《こおむ》っていた。江戸や大坂の阿蘭陀宿のように役人の目が無いためか、カピタンたちは芸者や遊女を呼んで羽目を外すことが多かったという。

91 （江戸期）朝鮮使節を百万両で歓待した幕府

狩野安信『朝鮮通信使』大英博物館蔵

先年、筆者はＫ旅行社主催のツアーに「講師」として参加した。この社は近年めきめき業績を向上し、現状では日本でトップクラスの成長を続けている。これは非常に〝マニアック〟なテーマを持つツアーで、私も講師として契約している。今回は「朝鮮通信使を追う旅」であった。豊臣秀吉が死んで第二次朝鮮出兵が終り、慶長5年（１６００）「関ヶ原の戦い」で徳川政権が確立し、慶長14年（１６０９）〝己酉約条《きゆうやくじょう》〟が朝鮮との間に成立した。慶長条約ともいわれ、対馬《つしま》の宗義智《そうよしとし》が朝鮮王朝と結んだ通交貿易に関する条約。日本からの使は将軍と宗氏に限り、歳遣船《さいけんせん》は年20隻とすること、そして捕虜の返還や平和交流の約条が行われ、将軍の代替わりやその他お祝いの時、計12回延べ４千人前後の大使節団が来日した。幕府は国の国威を示すために、毎回百万両という巨費を投じて丁寧に接待した。最近、そうした使節団を歓迎し、幕府の役人などが大船団で淀川を遡《さかのぼ》る極彩色の屏風絵が、日本とソウルの中央博物館に分かれて存在することが分かった。更に、ソウルでは日本使節団を描いた絵も発見された。この使節団の応接は幕府の財政悪化に伴い、場所が対馬に移されるなど縮小され、文化８年（１８１１）を最後に廃止された。

通信使は釜山（プサン）から対馬に寄港、下関を経て、瀬戸内海を航行、大坂より御座船に乗り換えて、淀川を淀へ。淀城で一泊、ここからは輿（三使）、馬（上、中官）、徒歩（下官）で京都の六條本圀寺で宿泊し、近江は特別な道「朝鮮人街道」を通り、一行は４００人～５００人の規模であった。

家康は、この様な平和外交を確立し安定政権を築いていった。

92 （江戸期）お雇い外国人、第一号の三浦按針こと、ウイリアム・アダムス

神奈川県横須賀市逸見に「按針塚」という変わった塚がある。家康の外交顧問〝ウイリアム・アダムス〟（１５６４～１６２０）、家康の外交相談役として知行地を貰っていた。相模国三浦郡逸見村に領地を持ち三浦按針《あんじん》とし、年貢収納などは代官に一任していたが領主であった。彼の指導の下で、2隻の西洋型帆船が建造され、内１隻１２０ｔの船舶は太平洋を横断してメキシコ迄の航海に耐えた。

ウイリアム・アダムス

さて彼は１５６４年（永禄7年）英国ケント州に生れ。12才の時、商船隊での徒弟修業を始めた。その後、英国海軍に入り、１５８８年（天正16年）にスペインの無敵艦隊を撃破したあの有名な「海戦」にも参加した。退役《たいえき》の後、バーバリ商社に勤務していたが、１５８１年（天正9年）にスペインから独立宣言を出したばかりのオランダが、１５８９

年（天正17年）に東インドへの航路を開拓すると聞くや、首席水先案内人（航海長）として乗船する事にした。欧州における宗教戦争がドイツ以外で一段落し、海外進出の担い手が、カトリックのスペイン、ポルトガルから、プロテスタントのオランダ、イギリスに移行し始めた時期だった。海外でも前者と後者の対立が激しくなり出していた。

5隻のオランダ船は、マゼラン海峡経由で東インドに向かったが、暴風や南米のチリでインディアンの攻撃などに遭遇し離散してしまった。アダムスの乗った船の「リーフデ号」だけが、1600年（慶長5年3月16日）、豊後国に漂着した。乗組員110人の内、生存者は24人で、自力で歩行できるのはアダムスを含め5、6人だった。ポルトガル人は、一行を海賊だと触れ回ったが、余り効果が無かった。

当時は「関ヶ原合戦」の直前とはいえ、実質的に天下を掌握していたのは家康だった。早船を仕立て、アダムスの配下の水夫1名を滞在中の大坂に呼び寄せた。アダムスは同年3月30日、大坂で家康の面前に連れて行かれ、ポルトガル語の通訳を介して、乗員の国籍、来日の目的、スペインとポルトガルと敵対するに至った事情などを聴取されたという。他方、家康はリーフデ号を堺に廻船する事を命じていた。40日後、アダムスは船長以下のリーフデ号の乗員と再会した。6月「上杉征伐」で家康は、大坂から江戸に向かう事になり、リーフデ号にも関東に再廻船する様命じたが、遠州灘で難破し、陸路による家康の江戸到着よりかなり遅れて、辛うじて浦賀に到着した。一行の帰国船は無くなり、家康から扶持米と居宅をあてがわれて、当分の間、江戸に滞在する事を余儀なくされた。

関ヶ原合戦で勝利した家康が、特に気に入ったのはアダムスだった。船大工でも無いのに小型の西洋帆船を建造したり、幾何学と数学の基礎を家康に進講したりした。やがて、オランダ人がシャムやマレー半島に進出して来たとの風評が伝わってきた。アダムスは、日本と英国やオランダとの貿易を取り持つからと帰国を希望したが、家康は承知しなかった。僅《わず》かにリーフデ号の船長等の出国を許可しただけだった。船長は、日本のジャンク船で、1605年（慶長10年）、平戸を出帆したが、別の船に乗り換えてポルトガルとの戦闘で戦死してしまった。お雇い外国人候補者だったかもしれないリーフデ号の一般乗員は、儲け仕事を求めて既に四散していた。アダムスが日本で生存している事が、故国の妻子に伝わる機会は無い様に見えた。アダムスの日本人妻との結婚の前後関係は良く判らないが、彼が領地を貰ったのはこの頃らしい。浦賀の近くで、百戸位の農家が彼の領民となった。外国人には与えられない特権だった。引き続き彼の指導の下に、2回目の大型帆船が建造された。メキシコに帰国途中遭難して日本に立ち寄ったマニラ総督を乗せて、無事に太平洋を渡ったのはこの船だった。彼が水先案内人だった事から日本人の間では、按針（水先案内人の意）様の通称が幅を利《き》かした。

他方、オランダの貿易会社は1602年（慶長7年）に東インド会社に統合され、1609年（慶長14年）5月に、2隻のオランダ船が平戸に来船した。家康は貿易朱印状を下付《かふ》し、平戸に商館を置く事を認めた。1611年（慶長16年）に来朝したオランダ船は、英国人がジャワに進出しているというニュースをもたらした。アダムスは10月22日付けで、ジャワ在住の未知の英国人に宛てて自分が健在だと書き送った。アダムスが健在なのが分かると、すぐに英国東インド会社総裁からの連絡が届いた。「英国商館設立の為に兼ねてから使節の派遣が考慮されており、1613年（慶長18年）には、日本に赴く予定だ」との内容だった。家康は喜んだ。アダムスはジャワ在住の英国人の友人に書簡を送り、英国商館を浦賀に置くべきだと力説した。平戸は江戸から遠すぎるのが大きな理由だった。浦賀が如何に便利かを示す為、日本地図を同封さえした。アダムスが浦賀を推奨したのは自分の領地に近い事もさりながら、家康もそれを望んでいるに違いないとの思惑からだった。けれども英国の英国東インド会社の貿易船隊司令官ジョン・セーリスはその事を知る由は無かった。

国王ジェームス一世の家康宛の書簡を携行した彼は、乗船クローブ号で一路平戸に到着すると民家を借りて仮商館にし、早飛脚を立てて駿府からアダムスの到着を待った。アダムスは1613年（慶長18年）7月29日に平戸に到着したがセーリスとは始めからウマが合わなかった。どちらも英国本国外に出ればウダツの上がらない経歴だとしても、アダムスは47才なのに、セーリスは33、4才だった。打ち合せ終了後、セーリスが仮商館での宿泊をすすめても、アダムスは辞退した。そしてアダムス付添いの上でセーリス等は、海路、陸路を経て、9月8日に駿府で家康に謁見し、朱印状を下付された。引き続き江戸に出て秀忠に謁見した後、セーリス等は小舟で浦賀に赴いた。浦賀で3泊し、アダムスの日本人妻及び、その母や姉、妹にまで贈り物をした。浦賀が良港で江戸に近い事を認めた上で、平戸と違って、食料品や生肉が豊富で無いのが欠点だとした。セーリスは、『ジョン・セーリス日本渡航記』を著《あらわ》した。

これより先に、アダムスはクローブ号で帰国したいと家康に願い出ていた。始め家康は取り合わなかったが、恩寵《おんちょう》に感謝し、知行《ちぎょう》返上を覚悟しての申し出に許可した。そして平戸へセーリスと行ったが、この2人の仲は悪くなる一方であった。そして英国商館は平戸に決定され、リチャード・コックスが商館長として残る事になった。アダムスは東インド会社重役宛ての書簡をクローブ号に託し、セーリスと共に帰国しなかった。

こんな時、家康と大坂城の秀頼との間が嫌悪になって来た。商館長のコックスは、アダムスを利用して、大砲、火薬、弾丸の類を家康に売り込ませた。余人には出来ない大仕事だった。こうして英国商館員の仕事を年棒100ポンドで行い。知行返上のジェスチアーを示したが、日本に留まったので知行は安堵された。そして家康の死によって状況は変わり、平戸以外での日本人との取引禁止令が発令され、浦賀英国商館は不可能となった。そして彼は、1630年（元和6年）5月26日、56才で、平戸で死んだ。

彼の望み通り、浦賀に英国商館が設立されていたら、以後の日本の歴史は大きく変わっていたであろう。

93 （江戸期）戦国から鎖国へ動く時、「日本恋しや」ジャガタラお春が残した、唯一の筆跡

じゃがたら文　©長崎県観光連盟

昔はつと有名で歌に唄われた〃ジャガタラお春〃（1625？～1697）、世の人々は「ぬれて泣いている、ジャガタラお春！」と唄っていたが、この人はどんな人だったかは知らない。インドネシアの〃ジャカルタ〃は、17世紀にオランダの東アジア経営のメイン根拠地となった。オランダ人はジャカルタをなまって、ジャガタラと呼んだが正式の名はバタビアである。

秀吉から始まった鎖国、キリスト教禁止令は、家康の代になって更に厳しくなった。鎖国政策により追放されたオランダ人やその妻子たちが乗ったオランダ船プレダ号が、「長崎平戸」から出航してバタビアに向かったのは寛永16年（1639）のことである。この船に「お春」という名の、当時15才のハーフ女性が乗船していた。それから6年、バタビアで、21才になったお春は、日本生まれの青年シモンと結婚した。現存している結婚届では、お春の名は「ヒエロニマ・マリ

ヌス」となっている。はじめ東印度会社の事務補だったシモンは、のちに税関長など要職につき手広く貿易も行ったが、寛文12年（１６７２）に死亡。晩年はお春と一人娘、孫三人と幸せに暮らしたと云う。お春は、元禄5年（１６９２）5月17日、遺言状を書き、若くして未亡人になった娘マリアや孫達に遺産を分配し、その末尾に「ぜらうにましるし」と仮名で署名した。これが彼女の残した唯一の筆跡である。日本恋しやと、映画や芝居になる望郷の手紙は、「江戸中期」の作家、西川如見《じょけん》（１６４８～１７２４）の創作である。
長崎物語「じゃがたらお春　サンタクルスの　あゝ鐘が鳴る　ララ鐘が鳴る！」

94 （江戸期）鎖国が生んだ、漂流者の艱難辛苦

天明5年（１７８５）1月末、「土佐国赤岡浦」（高知県香南市赤岡町）を出航し、同国の奈半利《なはり》に米を運んでいた「三百石積みの船」が、荷を陸上した後に強い西風に吹き流されて難破した。この船には水主長平《ちょうへい》の他3人が乗っていた。彼らは船乗りの作法に従って帆柱を倒し「マゲを切って」、ひたすら神、仏に祈り続けた結果、2週間漂流した後に、何とか絶海の孤島の「鳥島」（伊豆諸島）にたどり着くことができた。

そこは水もない火山島だったが、冬の間〝アホウ鳥〟が産卵の為にやってきた。彼らはその肉を食べ乍ら生活した。当初は火種を持たなかったためそれらを生で食した。最初の一年半に3人が死んだ。長平は一人でさらに一年半頑張り、天明8年（１７８８）に大坂船で次の漂着者11人を迎えた。2年後の寛政2年（１７９０）に薩摩船で、また6人が漂着してきた。彼らは長平と大坂船・薩摩船の船頭の3名をリーダー格として共同生活を送り、食料確保の他、住居や道の整備、ため池の工事などを組織的に行った。しかし、精神的な影響や栄

養不足などで、漂着者のおよそ3分の1は死亡していった。

そして8年後、彼らは破船の流木を集め、これを使って数年後「小さな船」を作り、7人の遺骨を持って船には生存していた漂着者14名全員が乗り込み、数日の航海で青ヶ島を経て、無事、八丈島に辿り着いた。長平にとっては13年ぶりの社会復帰であった。一行はこの地で伊豆国代官所（幕府直轄）の調べを受けた後、幕府の御用船で江戸に送られた。江戸での本格的な調べ（勘定奉行所および土佐藩邸）が済むと一行は解散し、それぞれ帰路に散った。

これらの調べの記録は後世に残った。長平は寛政10年（1798）1月19日に土佐へ帰還した。この時、地元では長平の13回忌が営まれていた最中であったという。土佐への帰還の際、年齢は37才であったが、土佐藩から野村姓を名乗ることを許された。その後、野村長平は各地で漂流の体験談を語って金品を得るなどし、また妻子にも恵まれ、60年の生涯を全うした。帰還後につけられた「無人島」という彼のあだ名は、墓石にも刻まれた。

江戸時代に海難事故にあった船乗りは、恐るべき数にのぼる。理由は幕府が外洋を走る丈夫な船の建造を認めなかった為である。長平のように〝カンナン辛苦〟の上、やっと何とか生きて戻ってきても、「キリスト教のための厳しい詮議が待っていた」。鎖国政策は、こんな形でも多くの犠牲者を生み出していたのであった。

戦国史を訪ねる旅

95 その① 三方ヶ原古戦場と浜松城を訪ねる

徳川家康（１５４３～１６１６）の唯一の敗戦に、「三方ヶ原《みかたがはら》合戦」がある。この敗戦の苦汁《くじゅう》を舐めた家康が自戒の為に描かせた、戦国武将の肖像画としては異色の姿で描かれている、意気消沈した「しかみ家康像」。この画像は名古屋の徳川美術館にある。床几《しょうぎ》の上で片脚を組み、頬杖をついて、うつろな眼をしている。

浜松市は、２００７年政令指定都市になり、不便知らずの町としての成長を続けている。駅のそばには、ハーモニカ型のノッポホテル「オークラアクトシティホテル浜松」が出迎えてくれる。筆者は昭和38年（１９６３）東京オリンピックの前年に浜松へ転勤した。東名高速道路も新幹線も未だ通っていなかった。駅前や市内は未だバラックの様な商店街や住宅が並んでいた。艦砲射撃から空襲まで、戦争の傷跡一杯であった。先年、結婚式でハーモニカホテルに行き、今人気の「しかみ家康像」の浜松キャラを求めたが完売だった。

さて、織田信長《おだのぶなが》（１５３４～１５８２）が「長島一向一揆《ながしまいっこういっき》」に手こずっていた頃、家康もピンチであった。元亀３年（１５７２）10月３日、武田信玄（武田信玄）（１５２１～１５７３）は甲信の精鋭２万と北条氏の協力部隊２千を率いて甲府を発進、京都へ向かう。他に山県昌景《やまがたまさかげ》（１５２４～１５７５）に５千の兵を預け別動隊として先行させた。本隊は伊那谷《いなだに》から青崩峠《あおくずれとうげ》を越えて遠江《とおとうみ》へ進出。山県別動隊は同じ伊那谷から東三河へ進軍し、遠江で本体と合流する作戦だった。遠江には、徳川家康が同盟者織田信長の援軍を得て、武田軍の西上を阻止しようと待ち構えていた。

武田軍本隊は遠江路の諸城を抜いて進み、やがて山県別動隊と合流すると12月21日。浜松北方の「三方ヶ原」にさしかかった。三方ヶ原には家康軍1万1千（内、信長軍3千）、信玄軍2万5千。12月22日午後5時から2時間の戦いだったという。夕暮れ時から両軍は激突し折からの雪の中で大激戦となった。武田軍は鶴翼《かくよく》の陣形を崩さず、徐々に魚鱗《ぎょりん》の構えに転じたが、山県隊が徳川の旗本衆に切り崩される様になった。武田勝頼《たけだかつより》（1546〜1582）が二間柄の長槍で、部下に太鼓を乱打させながら敵の横側を突いた。これが勝機となり、家康は「しかみ家康」となり、ほうほうのていで命からがら浜松城に逃げ帰った。三方ヶ原の敗戦は、土地ではあまり知られず「戦跡碑」すらない。江戸期、神君家康の負け戦で伏されたのだろう。

徳川家康

駅前の和菓子店に「布橋《ぬのはし》の雪」という美味しいものがある。三方ヶ原敗戦で浜松城へ追い詰められた家康軍は、有名な「酒井の太鼓」の様なデモ作戦や、この城に近い犀ヶ崖《さいがけ》に深夜、白い布を橋に化装しおびき寄せ、この急崖に多くの兵馬を落としたり、城戸を開き多くの「かがり火」を燃やしたので、余力ありと読んだ武田軍は兵を引いたなどの話が残っている。

犀ヶ崖には大きな碑がある。一つは「本多肥後守忠真《ほんだひごのかみただざね》（1531／1534〜1573）顕彰碑」。息子の菊丸に主君の守りを命じ、退却の殿《しんがり》を引き受けた自分は、敵中に斬り込み討ち死にした三河武士だ。

もう一つは「夏目次郎左衛門吉信《なつめじろうざえもんよしのぶ》（1518？〜1573）旌忠碑《せいちゅうひ》」。この人は一向衆で捕えられたが、家康により処刑を免れた人だ。家康は一向衆にも、信長と反対に自分の部下に組み入れていた智将であったのだ。次郎左衛門は三方ヶ原の戦いの時、家臣が止めるのも聞かず決死の突撃をしようとする家康を逃がすべく、家康の兜と馬を以《も》って武田勢に突入、身代わりとなって戦死した。

ここから10分ほど歩くと、浜松城「野面積《のずらづみ》」の石垣が荒々しい。400年余の風雪に耐え、戦国の面影を残している。ここから、三方ヶ原台地が工場地帯や住宅地になり、「戦国の戦い」などすっかり忘れている様に見えた。

駅の近くの雀の名の魚料理店で、舞阪港《まいさか》で上がった「鰹のたたき」が筆者を待っていた。

「浜松は　出世城だよ　初ガツオ」。

96 その② 一乗谷朝倉氏遺跡

昭和42年（1967）から一乗谷《いちじょうだに》遺跡の発掘調査が始まった。遺構は往時のままで出土品は数多く「戦国城下町のタイムカプセル」と言われている。これは戦国時代の城下町の構造と生活を知る絶好の遺跡である。

越前を支配した朝倉氏《あさくらし》の一乗谷遺跡である。天正元年（1573）8月、朝倉氏は織田信長（1534〜1582）によって滅ぼされ、館や町は焼失した。その名の様に、谷あいにあって防御を主とした様な「一乗谷の館」と町は、天下統一後の体制では無価値になったからであろう。見捨てられ一乗谷川の土砂に埋まって４００年余を経た。

筆者は平成11年（１９９９）10月、「ねんりんピック99福井」に三国町でマレットゴルフ競技に出場し、帰途、福井市のボランティアガイドさんと一乗谷歴史ガイドさんのお世話になった。その「ねんりんピック」閉会式の翌日、ＪＲ福井駅で福井のガイドさんに少し福井をご案内頂いた。現在、新幹線のホームになっている当時駅の裏側に、柴田勝家（１５２２〜１５８３）とお市の方（１５４７〜１５８３）の最後の城址（北ノ庄城）があった。「ここは、お二人の霊がよく出るのですよ」と説明を頂き、お市を愛した豪将を思った。

朝倉義景

次いで一乗谷に行った。福井の市街地を抜け九頭竜川《くずりゅうがわ》の支流の足羽川《あすわがわ》に沿って走ると、山が迫って来る。足羽川の川幅は広い。今はダムによって水量が減ったが、往時は物資を積んだ船が行き来したという。

この足羽川に南から合流するのが一乗谷川で、分流地点の手前に資料館（一乗谷朝倉氏遺跡資料館）がある。ここには絵巻の複製と相比して朝倉氏の優雅な生活を偲ばせる。朝倉氏が栄えたのは朝倉義景《よしかげ》（１５３３～１５７３）の時代で、永禄９年（１５６６）11月には後の将軍足利義昭《あしかがよしあき》（１５３７～１５９７）を一乗谷に迎え入れている。

資料館から10分ほど歩くと一乗谷川の合流点で安波賀《あばか》という集落がある。ここは舟で運んで来た物資の陸揚げで繁昌したという。一乗谷川は細い流れで、この先に戦国大名の居館や城下町があったとは信じにくいのだが、川に沿って少し行くと下城戸《しもきど》跡で土塁と石積みがある。説明板には朝倉氏は一乗谷の谷あいが最も狭まる所、２ヶ所に土塁を築き、城戸を設けた。北側下流の城戸を下城戸と呼び、南城戸間は約１．８キロある。土塁の長さ全長50メートル、幅18メートル、高さ5メートルで、西側は巨石による枡形の城戸口がよく残っている。

下城戸を過ぎると谷が開け平地が広がる。一乗谷川の幅が広くなる関所を過ぎて新しい世界に入った感一更だ。二つの城戸の間は「城戸ノ内」と呼ばれた。現在も福井市城戸ノ内町である。左に４３６メートルの一《いち》乗城山《じょうしろやま》。ここに山城があった。堅堀を巡らし一の丸から三の丸まであって屋敷跡もある。道の右には寺院と町屋群の遺跡。わびしい遺跡の中に無数の井戸跡が異様だ。

少し歩くと朝倉館跡の居門が見える。義景の居館で一乗谷の中心だ。一乗谷川を渡り御所跡へ足利義昭が住んだ所である。御所跡から引き返し朝倉館に向かう。朝倉館の手前で右に折れ階段を登ると諏訪館跡庭園がある。義景４人目の側室「小少将《こしょうしょう》」（?～１５７３）の屋敷跡だという。次は朝倉館。この館跡には、お寺が建っていたが、立退《たちの》いてもらって発掘したという。一番大きいのは常御殿。何れも書院作り初期様式だったという。常御殿の裏には城山へと逃げる道が通じている。ここでは優雅な生活が行われていたのだろう。

地元のガイドさんにお礼を言って一乗谷を後にした。当時の思い出が彷彿《ほうふつ》として蘇《よみがえ》ってきた。

97 その③ 長島一向一揆を旅する

新幹線で名古屋へそして近鉄の急行に乗る。16分で近鉄「弥富《やとみ》」駅に着き各停に乗る。木曽川の長い鉄橋を渡って三重県に入り、3分で近鉄「長島」駅で下車する。

長島は、木曽川と長良川の間にある大きな中洲で、いわゆるゼロメートル地帯である。昭和34年（1959）の伊勢湾台風では大被害を受けた。長島一向一揆の拠点だった。この地を筆者は一度見たいと思っていた。

信長も家康も、一向一揆には散々に悩まされた。攻撃型の集団ではないのだが、農民の支持を得ているので思うままにならない。その領域に手を付けようとすると手痛い反撃を食う。戦いにも彼らは強かった。当時の一向一揆の本拠地は今の大阪城の所にあった石山本願寺で、第十一世の顕如光佐《けんにょこうさ》（1543～1592）は此処にいたのだが、一際強力なのがこの長島の一向衆《いっこうしゅう》であった。信長は斎藤氏を滅ぼして岐阜に移ったあと、半年後に北伊勢を平定したが、長島の一向衆にだけは手こずった。信長は弟の信興《のぶおき》を長島に向かわせたが敗退し、元亀元年（1570）11月、信興は自害した。翌年5月、信長は自ら5万余を率いて長島を攻めたが、輪《わ》中《じゅう》集落に引き入れてから堤防を切るという一向衆の巧妙な作戦によって多数の溺死者を出し、また敗退した。その後すぐ4ヶ月後に、信長は比叡山を焼き討ちしている。信長の僧門への憎悪が益々つのって行ったのであ

顕如

ろう。

　次は天正元年（１５７３）９月で、長島の対岸一帯は制圧したが長島を攻略する事なく引き揚げた。そして天正２年７月、信長は８万の大軍を率いて長島を攻めた。これまでの苦い体験から信長は水軍を利用して兵糧攻めにし、９月、長島は陥落した。ここでも信長は婦女子まで皆殺しをした。

　身の毛のよだつ様な過去があるのだが、長島で重要な処は二ヶ所である。一つは願証寺。浄土真宗を一大政治勢力にのしあげた「一向一揆」の祖・蓮如《れんにょ》（１４１５〜１４９９）の子、蓮淳《れんじゅん》（１４６４〜１５５０）が長島の願証寺の寺主として迎えられたのは明応６年（１４９７）で、この寺を中心として勢力を拡大した。もう一つは長島城で、一向一揆によって駆逐された伊藤一族の居城。一向一揆は、此処を主城として川の対岸に多くの砦を築いていた。

　長島城跡は、近鉄「長島」駅の南、歩いて10分足らずにある。願証寺（三重県桑名市長島町又木）は、城跡の東南１キロ位にあるが、この願証寺は後世のもので、往時の寺は、明治期の河川改修工事によって長良川の河底に没した。その位置は駅の西北方３キロ、杉江という集落附近の河中にあるという。近鉄長島駅は小駅だが、当時はタクシーが1社のみあった。

まず長島城跡に行く。現在は長島中部小学校・長島中学校の敷地で、説明板と長島城の古地図が添えてある、御本丸を中心に武家屋敷が配置され、堀が張り巡らされている。

次に現在の願証寺に行く。水田と民家の中の小さな寺だが、境内に「長島一向一揆殉教之碑」がある。

長島の北端の河中に没したという願証寺跡に行く事にした。車は長良川の岸に出て堤防の上の道を北へ、左後方に建設の強行で問題になった「長良川河口堰」が見えた。近鉄とJRの線路をくぐり東名高速道路の下を抜ける。堤防は高く眺めは良い。目指す杉江集落は、長島の北の外れに近い所にあった。20戸位の民家がある。「願証寺はあの辺りにあったそうです」と運転手さんが教えてくれた。「ナガシマスパーランド」として、現在はレジャーランドだ。

ここへ来る人はこの戦国の悲劇を少しでも知っているだろうか?

98 その④ 尼子氏の富田城への旅

戦国史を訪ねる旅、これは素晴らしい。尼子氏《あまごし》の富田城《とだじょう》(島根県安来市広瀬町富田)にスポットをあててみる。

岡山駅へ着く。直ぐ出雲市行きの「特急やくも」に乗り継ぐ。倉敷から伯備線《はくびせん》に乗り中国山地の横断にかかる。左側から高梁川《たかはしかわ》が寄り添って、備中《びっちゅう》高梁に停車する。

ここは数年前に訪れた思い出がある。先年、新選組のNHK大河ドラマで歴史に目ざめた女性が「母の実家がこの高梁の山中に佐藤忠信(1161~1186)の子孫として、八百年の家をずっと伝承と共に守ってきた」と言う。そのことを思い出し、高梁の手前の駅で降りてみると、佐藤姓の本家と分家2軒が山の中に残されていて、始め平家村の様な集落があるのかと驚いた。筆者はそこで1泊し、親族15人の人々に色々と話を聞いた。伝承ではあるが、「娘は嫁に出し、長男以外は全て養子に出して800年、このお墓を守ってきた」と一同、口を揃えて話された。佐藤忠信は生き残ったのだ。源　義経《みなもとのよしつね》（1159～1189）の東西よりの「鎌倉攻め」を軸に忠信生存説をいずれ書きたいと思っている。

備中高梁の北に臥久山《がきゅうざん》がある。ここに尼子、毛利争奪の松山城（岡山県高梁市内山下）跡がある。遺構がよく残り戦国期の山城の典型とされている。両岸に山が迫り、高梁川は眺めに良い渓谷をつくって曲流する。

尼子晴久

備中北部の中心、新見《にいみ》を過ぎると、谷田峠《たんだとうげ》のトンネルを抜け鳥取県に入り、下りにかかる。大山《だいせん》の雄姿が右窓に、平地が開けて山陰本線に合し、米子《よなご》を過ぎると伯耆《ほうき》から出雲に入って安来《やすぎ》着し、下車。尼子氏の富田城跡と城下町広瀬の最寄駅。

安来から城下町の広瀬へはバスはあるが、広瀬の町と富田城は少し離れているのでタクシーを利用する。車は飯梨川に沿う道を広瀬へ。運転手さんが右窓の山を指し「あれが京羅木山《きょうらぎさん》です。狼煙《のろし》台のある出城でしょうが、毛利の軍はあそこから富田城を監視していたそうです」と教えてくれた。車は広瀬の町を避けてバイパスに入り、飯梨川に架かる富田橋を渡る。間近に月山《がっさん》が迫っている富田城の本丸のあった山だ。この山の標高は184メートルに過ぎないが、急傾斜で盛り上がった山容で、流石《さすが》に山陰に覇《は》をなした尼子氏の本拠にふさわしい風格がある。この月山の中腹から下に色々な遺構がある。史跡としてはこの価値の方が高い。城への入口は三つある。富田橋を渡った正面の御子守口（大手口）、南の谷側からの塩谷口、北の新宮川《しんみやかわ》からの菅谷口である。この三つを訪ね、月山頂上の本丸跡まで登る。

まず塩谷口。月山の南の傾斜は急で雑木の茂みが深い。道標に従って少し登ると楠の大木の下、昼なお暗いところに尼子晴久《あまごはるひさ》（1514～1562）の印塔のお墓があった。晴久は尼子経久《つねひさ》（1458～1541）の孫で、毛利元就《もうりもとなり》（1497～1571）の郡山城《こおりやまじょう》（広島県安芸高田市吉田町吉田）攻略には失敗したが、尼子氏の全盛時代を築いた人であるが、城内で急死した。引き返して御子守口にある巌倉寺《いわくらじ》の脇の道を上る。この道は大手門跡迄通じている。正面からのルートなので、斜面を削って平地にした曲輪《くるわ》が色々ある。太鼓壇《たいこだん》もその一つで、軍兵を集め太鼓を打って士気を上げた所で、現在は公園となり桜が植えられ「月に祈る山中鹿之助《やまなかしかのすけ》像」がある。太鼓壇より一段高いところが大手門跡で、右に修復された石垣がそそり立っている。

石垣の間の道を通ると「山中御殿跡」で100メートル四方もある平地である。この山中御殿は尼子経久、晴久ら城主の居館で政庁であった。山頂に本丸、裾に城下町。その中間に城主の居館と政庁がある戦国期の城の中では広く大きい。背後の月山に登る小径があり、七曲がりといわれる急坂で、山頂の本丸跡へは標高差100メートル以上ある。

城跡の北側を流れる新宮川の谷に入り菅谷口に降りる。細い流れに沿って農家が点在している。「山中鹿之助屋敷跡伝説地」がある。山中鹿之助の人気は高い。

御子守口に戻る。歴史資料館が戦国の生活を伝えてくれる。飯梨川を渡って城下町広瀬に入ると、戦った場所が中州であったため、別名「川中島一騎討の跡」碑。山中鹿之助（1545～1578）と毛利の品川大膳《しながわだいぜん》（1544～1565）との一騎討ちの場である。この後山腹の洞光寺《とうこうじ》へ、尼子経久の墓に参る。父の清定《きよさだ》（1410～1488）と並んで二つの宝篋印塔がある。広瀬の家並みを見下ろし月山を望むという尼子時代を築きあげた経久にふさわしい場所であった。秀吉の援軍に見捨てられ糧食に窮した末、開城し尼子勝久《あまごかつひさ》（1553～1578）は自害し、鹿之助は降伏した。鹿之助は、後、尼子再興を目指したが、それを察知した毛利に備中の合流（国合（阿井）の渡）で暗殺された。

99　その⑤　上月城と備中高松城への旅

京都で乗ったＪＲの特急は大阪、神戸、明石を過ぎる。播州平野が広がる北方15キロほどに三木城跡《みきじょうあと》（兵庫県三木市上の丸町）がある。秀吉と毛利との攻防の大きな遺跡だ。今回は上月城《こうづきじょう》（兵庫県佐用郡佐用町寄延）と備中高松城《びっちゅうたかまつじょう》（岡山市北区高松）を目指す事にする。

姫路を過ぎ山間に入り「上郡《かみごおり》」駅に、ここで山陽本線と分かれ、智頭《ちず》急行線に入る。特急列車は千種川《ちくさがわ》をさかのぼる。この沿線には小さい山城がいくつもある。「上郡」から17・2キロの「佐用《さよ》」駅で下車。佐用はJR姫新線《きしんせん》との接続駅で津山街道の宿場町であった。目指す上月城跡は、姫新線の次の駅で下車すればよいのだが、駅前からタクシーに。車は千種川の支流を佐用川と姫新線に沿って国道179号線を西南に走る。この辺りは霧の深い事でも知られる。上月町の役場で教育委員会に来意を告げると「上月城城郭三山図」をコピーしてくれた。三山《さんざん》とは二つの谷を挟んで「旧城」「本城」「山城」と大規模な城であった事が分かる。図面も詳細で「台矢倉」「馬落し」など細かく記入されている。教育委員会の人は「城跡への道は荒れていまして登るのは、とても無理でしょう」と教えてくれた。

尼子勝久

佐用川に沿う国道を走り右折して、細い流れと絡む小道を行くと、崖下の薄暗い所に幾つもの石碑がある。

古い石碑もあれば、「尼子勝久《あまごかつひさ》公四百年遠忌追悼之碑」という新しいのもあった。「天正六年（一五七八）七月二日毛利軍の上月城攻略により、尼子の重臣出雲の神西城主第十二代神西《じんざい》三郎左衛門元通《もとみち》公は、上月城主尼子勝久公以下城兵の助命を願い出て壮絶に自刃した」と刻まれている。出雲大社の南に神西湖という池があり、その辺りの小城主が尼子氏に忠誠を尽くして助命を求めたのであった。上月城の攻防は秀吉軍に入った尼子氏と毛利氏との戦いであるが、この過程は少しややこしい。

天文7年（１５３８）尼子詮久《あきひさ》（のちの晴久《はるひさ》）（１５１４〜１５６１）は、大内領であった石見銀山《いわみぎんざん》を攻略し、更には因幡国《いなばのくに》を平定した後に播磨国《はりまのくに》へと侵攻して石見・因幡・播磨の守護・赤松晴政《はるまさ》に大勝する。上月城も攻略していたのであろう。天文20年（１５５１）、大内義隆が陶隆房（晴賢）の謀反により死去したため（大寧《たいねい》寺《じ》の変）、天文21年には将軍・足利義輝より、山陰山陽8ヶ国（出雲・隠岐・伯耆・因幡・美作・備前・備中・備後）の守護及び幕府相伴衆に任ぜられた。毛利氏の侵攻が激しくなる中、永禄3年（１５６１）12月、月山富田城内で晴久は急没。後を嫡男の義久（１５４０〜１６１０）が継いだが、有力国人衆は雪崩を打って毛利方へと転じた。永禄9年（１５６７）11月、毛利氏の謀略によって尼子氏は城を追われ四散、大名としての尼子氏が滅亡。

天正5年（１５７７）12月、秀吉の中国攻めに加わった尼子勝久（１５５３〜１５７８）と忠臣・山中鹿之助（１５４５〜１５７８）によって奪回。

天正6年、三木城城主・別所長治《べっしょながはる》が信長、秀吉に反旗を翻した為、秀吉は上月城から三木城（兵庫県三木市上の丸町）へと軍を返さねばならなかった。同年7月、秀吉の援軍を失った上月城は落城し、尼子勝久は自刃し、山中鹿之助は由あって降伏したが護送中に殺された。

本丸へは次回にして佐用駅へ戻る、上郡へそして岡山へ備中高松城跡へ。

岡山県境の船坂《ふなさか》峠トンネルを抜けると激しい雨。岡山発ＪＲ吉備《きび》線のディゼルカーに乗る。地味なローカル線である。まず岡山から三つ目の「備前一宮」駅には、吉備津彦《きびつひこ》神社が見えた。「備中高松」駅で下車。高松城跡は駅の北７００メートル位で近い。駅の北側に朱塗りの大鳥居がある。その左手の向こうの水田の中にわずかな茂みが見える。これが高松城跡である。

秀吉は上月城と尼子氏を見捨てたが、その後、三木城を落とし、鳥取城を落とし、天正10年（1582）4月には、備中高松城迄進出。毛利方の清水宗治《しみずむねはる》（1537～1582）と対決し「水攻め」に出た。わずか10日余で3キロに及ぶ堤防を築いた。その堤防の一部が城跡の東の丘の裾に残っている。この背後に秀吉の陣地があり、足守川《あしもりがわ》は堰き止められ、城の大半は水中に没した。「水を守りにしていた城が、水によって攻められ、城兵たちは屋根の上に上り、樹木につかまるほどになっていた」という。

100 その⑥ 雑賀衆・根来衆を歩く

新大阪からＪＲ紀勢本線の特急に乗り和歌山で下車。信長や秀吉を悩ませた雑賀衆《さいかしゅう》と根来衆《ねごろしゅう》に触れたいと思っての旅。この二つの強力な宗教集団を秀吉の大軍が攻撃した「紀州攻め」は、天正13年（1585）3月から4月に掛けてである。

今日は4月下旬、日が長くなって、日没まで2時間はある。筆者はタクシーで市街地の西南部にある雑賀崎へ向かった。一向宗の雑賀衆の本拠地は、現在の和歌山市一帯であった。市内には雑賀の地名が多く残っている。和歌山市は紀の川の南部に開けた平坦な所だが、西南部の海岸に山があって和歌浦の景勝地をつくっている。その山の西側にあるのが雑賀崎で、山の上に雑賀衆の城があったという。現在はその遺構は何もない。

車は曲がりくねった道路を岬の上へ、灯台と展望台がある。高さ60メートルで眺望は非常に良い。眼下には形の良い小島が点在し、紀伊水道の右には淡路島、遥《はるか》に四国も見える風光絶佳の地である。雑賀衆の本拠地

教如

はこの地方に多くあったが、この雑賀崎が一番攻めにくい所だったらしい。灯台の直下の崖には「上人窟《じょうにんくつ》」というのがある。難を逃れた上人がこの洞窟に身を隠し、一向宗の人が夜、舟で食物を差し上げたという。この上人は、大坂石山本願寺を去った十二世の教如《きょうにょ》（1558～1614）と伝えられる。上人窟に下りる道はあったが封鎖され「落石の為通行不能」と表示されていた。

翌日は小雨の日となった。根来寺へ向かい、和歌山駅からJR和歌山線に乗る。20分程東へと走り、紀の川を渡ると岩出《いわで》駅に着く。ここが根来衆の本拠地の根来寺（和歌山県岩出市根来）への最寄駅である。岩出市には近くに国分寺跡があったのを見ても分かるが、古くから重要な地で、紀の川の水運の便もあり栄えた土地だ。根来衆の拠点となったのも良く分かる。駅前からタクシーに、根来寺は、駅の北方約4キロ、和泉山脈の南麓にある。車はトラックの行き交う国道を横切り、水田や人家の地帯を走ると、山が迫り上り坂となり木々の茂る根来寺の境内に入った。

この寺は桜・紅葉の名所。広い駐車場もあり料理店、茶店、土産物屋が並ぶ中「僧兵鍋」の看板が目についた。小雨の中、両側に杉の巨木の並ぶ石段を上ると朱色の橋、その下には深い谷、左には滝。紅葉シーズンには美しい所であろう。又「攻めにくい地である」とも思った。左に本坊が見えてくる。大きな堂宇。江戸期の再建である。この先に築地塀《ついじべい》があり拝観料を払って中へ入る。大きな二層の多宝塔が山を背に、相輪は、ひときわ高い。天文16年（１５４７）のものらしい。この左手前に小さな大師堂があり、右に大伝法堂がある。根来寺は、天正13年（１５８５）３月23日、秀吉の大軍によって焼き払われたが、これらの堂宇は焼失を免れた。多宝塔や大師堂から見ても分かる様に、根来寺は密教系で、興教大師《こうぎょうだいし》（１０９５〜１１４３）を開祖とする、真言宗の別派本山である。高野山《こうやさん》や東寺《とうじ》との抗争の末、この地に寺を開いたのであった。その後、根来寺は栄え、戦国末期には僧兵１万余を有する武装集団になった。しかも鉄砲寺であった。根来衆と鉄砲については、先行の『戦国おもしろばなし百話』に書いたのでお読みいただきたい。新緑に煙る、この寺は素晴らしい。１万余の僧兵たちは何処に住んでいたのか、鉄砲の工房は何処にあったか、ここで開発された鉄砲は、堺で大量生産された。

このお寺で庭園は見なければならない。国の名勝指定のものだけでも三つある。聖天堂に接した庭に入る。聖天池の中に「弁天さん」、石組みも良い。書院に上ると、廊下の壁に、根来寺北側を描いた絵があり僧兵の住居が描かれていた。山峡の谷間に僧兵がいたのがよく分かる絵である。庭園を出て背後の和泉山脈を見上げる。緑深く傾斜は急である。僧兵の家は、階段状に建ち並んでいたのだろう。

春雨が止んで根来寺の山肌に霞が湧き上がってきた、一幅の水墨画だ。タクシーで岩出駅へ、ＪＲ線で和歌山へ。駅の東、５００メートルの住宅地に「太田城跡」がある。豪族太田党が秀吉軍に激しく抵抗した所である。しかし秀吉得意の水攻め作戦によって１ヶ月の籠城で、４月22日、開城した。太田城は平城で遺構は何ひとつ無い。何も無くてもそこへ立ち、そこの風に吹かれると、その史実や哀話が浮かび上がってくるのである。

戦国史ウォーキングは、健康によく楽しいのである。

01 大隅《おおすみ》

02 薩摩《さつま》

03 日向《ひゅうが》

04 豊後《ぶんご》

05 豊前《ぶぜん》

06 肥後《ひご》

07 肥前《ひぜん》

08 筑後《ちくご》

09 筑前《ちくぜん》

10 壱岐《いき》

11 対馬《つしま》

12 長門《ながと》

13 周防《すおう》

14 安芸《あき》

15 石見《いわみ》

16 備後《びんご》

17 出雲《いずも》

18 備中《びっちゅう》

19 備前《びぜん》

20 美作《みまさか》

21 伯耆《ほうき》

22 淡路《あわじ》

23 播磨《はりま》

24 因幡《いなば》

25 但馬《たじま》

26 隠岐《おき》

27 伊予《いよ》

28 土佐《とさ》

29 阿波《あわ》

30 讃岐《さぬき》

31 丹後《たんご》

32 丹波《たんば》

33 摂津《せっつ》

34 和泉《いずみ》

35 河内《かわち》

36 紀伊《きい》

37 大和《やまと》

38 山城《やましろ》

39 若狭《わかさ》

40 近江《おうみ》

41 伊賀《いが》

42 伊勢《いせ》

43 志摩《しま》

44 尾張《おわり》

45 美濃《みの》

46 越前《えちぜん》

47 加賀《かが》

48 能登《のと》

49 越中《えっちゅう》

50 飛騨《ひだ》

51 三河《みかわ》

52 遠江《とおとうみ》

53 駿河《するが》

54 伊豆《いず》

55 相模《さがみ》

56 甲斐《かい》

57 信濃《しなの》

58 武蔵《むさし》

59 安房《あわ》

60 上総《かずさ》

61 下総《しもうさ》

62 常陸《ひたち》

63 下野《しもつけ》

64 上野《こうずけ》

65 越後《えちご》

66 佐渡《さど》

67 出羽《でわ》

a 羽後《うご》

b 羽前《うぜん》

68 陸奥《むつ》

a 陸奥《りくおう》

b 陸中《りくちゅう》

c 陸前《りくぜん》

d 磐城《いわき》

e 岩代《いわしろ》

※出羽・陸奥を分かつ（7ケ国設置は明治1年）

69 蝦夷《えぞ》

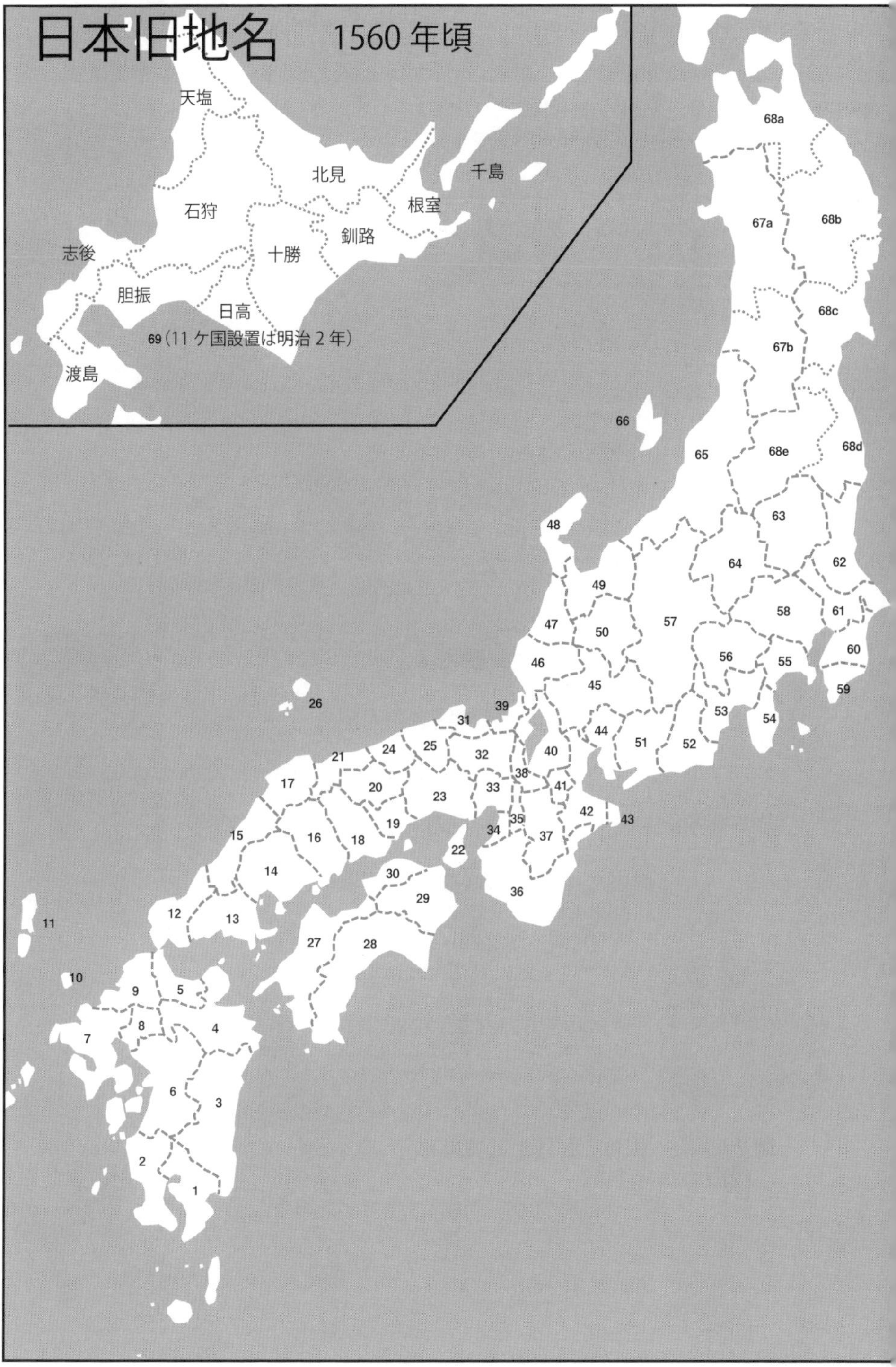
日本旧地名　1560年頃
天塩
北見
千島
石狩
根室
釧路
志後
十勝
胆振
日高
69（11ケ国設置は明治2年）
渡島
68a
67a
68b
68c
67b
66
65
68e
68d
63
48
64
62
49
58
61
47
57
50
60
46
56
55
59
45
26
39
53
54
31
44
51
52
21
24
25
32
40
17
20
38
23
33
41
42
43
15
19
35
16
18
34
37
22
14
30
36
29
12
13
11
27
28
10
9
5
8
4
7
6
3
2
1

平清盛・源平時代の京都史跡を歩く 13 コース
定価 本体 648 円+税
978-4-89704-302-9　C2026
A4 判　34 頁
平安時代末期、世に言う源平時代のゆかりの史跡や社寺を中心に紹介したコース本。白河・鳥羽らの院政、藤原摂関家の争い、保元・平治の乱、平氏の台頭と滅亡などなど、複雑だからこそ面白い時代の古都を歩いてじっくり味わえる一冊。

龍馬・新選組らの京都史跡を歩く 13 コース
定価 本体 552 円+税
978-4-89704-266-4 C2026
A4 判　34 頁
幕末・明治維新の舞台となった京都の史跡や社寺を中心に紹介したコース本。安政年間から・慶応・明治に至る十年余りの間、激動の舞台となった京都には今もなお洛中洛外に史跡・史話が残っており、多くのファンを魅了しています！そんな幕末好き京都好きの方にオススメの一冊です！

ベテランガイド

青木繁男が京を歩く！

地図と親しみやすいイラストを配した
青木節の史跡解説文で " 歩く " 歴史コース！

戦国時代の京都の史跡を歩く 13 コース
定価 本体 600 円+税
978-4-89704-331-9 C2026
A4 判　34 頁
動乱の中心だった戦国の京都の史跡や社寺を中心に紹介したコース本。信長・秀吉・家康など京都に生きた権力者ゆかりの地を紹介。戦国時代の旅人の一人となって、約 450 年前の京都を歩いてみませんか？

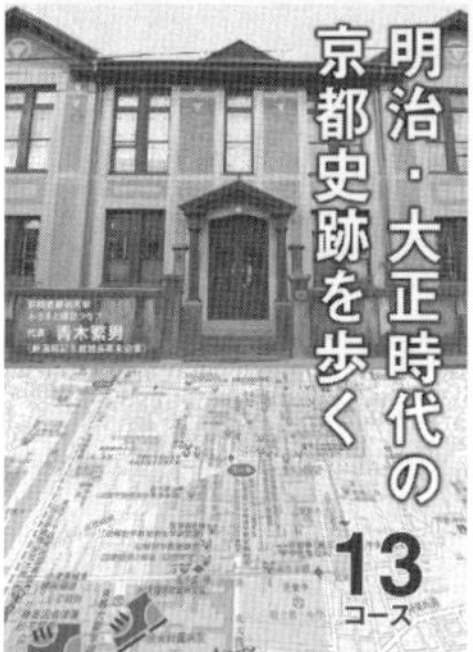

明治・大正時代の京都史跡を歩く 13 コース
定価 本体 600 円+税
978-4-89704-319-7 C2026
A4 判　34 頁
近代都市として発達した京都の明治の面影や大正ロマンを感じさせる建造物を紹介したコース本。疏水事業により日本で初めて電車が走り、いくつもの大学が誕生した京都。寺社仏閣とは違う、「近代化していこうとした京都」の痕跡をたどってみて下さい。

主な参考文献

■秋田書店

歴史と旅　第4号		1974
歴史と旅　231号		1981
歴史と旅　第6巻12号		1983
歴史と旅　第8巻8号		1990
歴史と旅　第19巻6号		1992
歴史と旅　第14巻6号		1992
歴史と旅　第14巻7号		1992

■朝日新聞社

街道をゆく　1〜43	司馬遼太郎	1971〜1998
日本剣客伝　上下	南條範夫ほか	1968・1975

■旺文社

ブレーン歴史に見る群像　1〜5	童門冬二ほか	1986

■角川書店

日本史探訪　1-22		
司馬遼太郎の日本史探訪	司馬遼太郎	1999

■河出書房

武辺往来　新剣豪伝	中山義秀	1969
日本剣豪列伝	直木三十五	1986

■広済堂

消された日本史	宮崎惇	1978

■三一書房

歴史と文学　NO.33		1981

■社会思想社

年表・要説日本の歴史	安田元久	1966

■新潮社

果心居士の幻術	司馬遼太郎	1977

■中央公論新社

フロイス日本史	ルイス・フロイス	2000
日本夫婦ゲンカ考	永井路子	2006

■中経出版

歴史読本　26-10号		1978
歴史読本　372号		1982
歴史読本　第14巻2号		1992

■長久手歴史研究会

小牧長久手の戦い	中野鉄也	-

■日本文芸社

日本史 宿命のライバル達の決断と苦悩	土橋治重	2006

■富士見書房

武田信玄	土橋治重	1987

■文藝春秋

異議あり日本史	永井路子	1992
名臣伝	津本陽	1995

■三笠書房

おどろき日本史249の雑学	太田公著	1992

■淀南地誌の会

淀南の歴史	植村善博	2014

■歴史研究会

歴史研究　222号		1992
歴史研究　609号		2013

青木繁男　著者プロフィール

■昭和7年3月
京都市下京区にて出生。同志社大学商学部卒業
旧第一銀行入行　京都、伏見、本町、丸太町、浜松、梅田、京都支店を歴任

■平成4年3月
第一勧業銀行京都支店にて定年退職
余暇を利用し、飲食業レジャーサービス業の研究と経営コンサルタント、
京町家と幕末、特に第一銀行の創始者渋沢栄一の研究の際、土方と栄一の接点から新選組の研究へと発展。昭和35年より始める。

■平成4年3月
京町家保存会を設立。「京町家草の根保存運動開始」行政に町家保存を訴える。

■平成5年4月
京町家動態保存のため、京町家の宿、京町家ペンションをオープン。唯一の町家の体験宿泊施設。

■平成5年7月
池田屋事変記念日を期に、新選組記念館オープン。館長就任

■平成9年10月
（財）京都市景観・まちづくりセンターが第3セクターを設立、町家保存事業に市が動きだし、ボランティアとして調査に参画。

■平成10年11月
京都市まちづくり事業幕末ボランティアガイド塾を立ち上げ、塾長として55名の市民と幕末京都の史蹟や史実、京町家・町並みの調査研究、市民や観光客に紹介運動開始。

■平成11年6月
塾活動が大きく評価をあび、NHK、KBS、読売テレビや神戸新聞、静岡新聞、京都新聞、リビング新聞に紹介される。

■平成13年3月
21日より1ヶ月間、関西初の「土方歳三京都展」を西陣織会館にて開催。地元大手企業と連帯して、土方歳三の新しい京都に於ける実像に迫る。

■平成14年3月
京都で初めての新選組展を西陣織会館にて開催。

■平成16年1月
NHKスタジオパーク「誠」に出演。

■平成20年9月15日
内閣府エイジレス受賞

■平成26年
平成26年度京都府地域力再生プロジェクト事業「平家物語による町おこし、観光開発」を実施。平家物語を軸とした歴史ボランティアガイドの育成及び同ガイドによるウォークツアーの開催。「治承の乱の高倉宮以仁王生存伝承を追う」による町おこしを実施。

■平成27年1月
著書「京都幕末おもしろばなし百話」を出版。好評を得る。
・高倉宮以仁王伝承の研究
・京都と滋賀の妖怪霊界物語伝承の研究を強化する。

■平成27年8月
月刊京都8月号に京都妖怪図鑑掲載。

■平成28年
「真田幸村　時代のおもしろばなし百話」「新選組おもしろばなし百話」「龍馬おもしろばなし百話」「戦国おもしろばなし百話」を出版。

■現在
宇治市観光ガイドクラブ初代代表　新京都シティ観光ボランティアガイド協会顧問
京都町作り大学院大学　講師

あとがき

戦国は、知れば知るほど、調べれば調べるほど、おもしろい。

今回の「続・戦国おもしろばなし」は、「戦国武将」、「戦国の女たち」、「戦国期の剣豪」、「戦国・江戸期の忍者、幻術師たち」、「戦国逸話」、「戦国期の海外との関わり」、「戦国史を訪ねる旅」と分けての数々の話を取り上げました。

室町幕府の衰退にとり、中央集権が次第に薄れ、それに伴って各地で群雄が割拠した時代が戦国時代です。その中でもあまり知られていない、言えばマイナーな「おもしろばなし」を、江戸期を含め取り上げました。

是非、お読み下さればと願っています。

■写真提供
青木繁男、鳥越一朗など

新選組記念館青木繁男
調べ・知り・聞いた秘話を語る！
続・戦国おもしろばなし　百話

定　価	カバーに表示してあります
	第1版第1刷
発行日	2017年4月1日
著　者	京都史跡研究家・ふるさと探訪クラブ代表
	青木繁男（新選組記念館館長・幕末史家）
	ユニプラン編集部
編集・校正	鈴木正貴・橋本 豪
デザイン	岩崎 宏
発行人	橋本 良郎
発行所	株式会社ユニプラン
	http://www.uni-plan.co.jp
	（E-mail）info@uni-plan.co.jp
	〒604-8127
	京都市中京区堺町通蛸薬師下ル　谷堺町ビル1F
	TEL（075）251-0125 FAX（075）251-0128
	振替口座／01030-3-23387
印刷所	株式会社　谷印刷所

ISBN978-4-89704-413-2　C0021